蕭蕭禪文化散文

禪林覓花

蕭蕭 著

目次

目次

〔推薦序〕

以最柔軟的心，走最堅實的路

蔡榮婷

彰化縣社頭鄉朝興村的武秀才三合院，游方相士偶爾從這兒經過，喃喃自語說道：「龍邊出賢人。可惜！可惜！一生吃菜命。」當時正在院落裡劈柴的父親，將此事原原本本的轉述給他，年少的他自此立志成為賢人。

森羅萬象、現實人生以及由無數時空交錯而成的生命長河，隨著浩瀚經籍鋪陳開展，互相貫串融合、流轉滲透。他，穿梭在這既簡單又複雜，既短暫又悠長，既純淨又汙濁，既安寧又冷冽的人世間。他，凝視古聖堅毅卓絕的道履行跡，聆聽先賢振聾啟聵的棒喝晤言。他駐足、同行、參與；他觀察、體驗、深思。他向哲彥大儒、古聖先賢提問，向蒼莽天地、森羅萬象提問，也毫不留情的向自己扣問。他跨越時空、藩籬，與哲彥大儒、古聖先賢、蒼莽天地、森羅萬象犀利對話，更走向內心深處，與自己機鋒相對。

達摩祖師從遙遠的域外，冒著極大的風險泛海來到中土，臨終前要求弟子們各自呈現他們對於禪法的領悟，並依他們四人所言，給予皮、肉、骨、髓的印可。世人總以為四者之中「髓」是最高境界，他卻對此存疑，凝思：若只有「髓」，那麼「髓」將依附何處？原來，「披一張皮的，不是達摩真傳。只敲骨髓的，也非達摩真義。」皮、肉、骨、髓，必然相互依存，沒有唯一獨存的聖人。森羅萬象各自獨立卻又相互依存，這才是達摩禪法的奧義。

六祖慧能初聞「應無所住而生其心」，心弦震動，有所啟悟。奔赴湖北黃梅山參禮五祖弘忍後，五祖為其解說《金剛經》，至「應無所住而生其心」處終於徹悟。他依循《金剛經》原文「應如是生清淨心，不應住色生心，不應住聲音味觸法生心，應無所住而生其心。」細思這句經文的深意，他說「不要在任何一件事物上停留、堅持、固執……而且，還要在任何笑過哭過的地方生清淨心！」心不在任何一處駐足停留，這比較容易理解，但是如何在「無所住」的狀態下「生清淨心」就不是那麼容易理解。他舉「慧能沒伎倆，不斷百思想，對境心數起，菩提作麼長。」作為註腳，「對境心數起」的「心」是小偷偷不走的那輪明月，是唇邊燦爛的微笑，是以生命的溫熱回應生命，是碗裡每一粒米特殊的風味，是照破山河萬朵的神珠，是春在枝頭已十分的那枝梅花；是風月自在，是隨蜂蝶飛舞，是水到渠成，是春來花開，是花在舊時紅處紅；在蓬勃的自然生機裡，菩提恣意滋長。

馬祖道一禪師喝令弟子放下分別、思辨的心，放下心中那堆根本不存在的柴。一物不取，還要放下什麼？趙州和尚說：「那就把一切都挑起來吧」。他駐足沉思：放下放下，連「放下」的念頭也放下，身與心都處在無邊無際的自在裡。放下身段，高興時縱懷大笑，悲痛時聲淚俱下，放下身心內外種種分別，不就可以與森羅萬象和合同塵，與亙古長空同肩並行。

南泉和尚藉斬貓破除兩堂和尚心中的物執；丹霞禪師劈焚木佛的同時，也劈盡自己心中迷障與執著。他凝視斬貓、劈佛的快刀利斧，心有所感：南泉斬貓是否也陷入助弟子去幻識真的執著？千百年後的我們，卻陷入惋惜那隻貓的迷執。類似這樣的迷障，像是繫我縛我的長索，斬也斬不盡。他問：「是誰綁住了我？」、「我們能找到那根繫縛我們的繩子嗎？」他說：「曬曬腦海裡的觀念吧！」看看活生生的這個人、活生生的這個社會。秉持二祖慧可「立雪斷臂」的決然之志，斬斷那根自我設限，自釘藩籬的長索，開啟永夜閉鎖的心門。看開了、看淡了、看空了，任萬象欲進則進欲出則出，無所謂該或不該；隨萬事駐留或不駐留，徘徊或不徘徊。心開了，那無瑕無疵、無翳無礙、湛然清澈的「自性」，才能透出光明，透出的光明才能充滿人天之間。心開了，我心與他心會通，人心與物心交融，活活潑潑的生命泉源，無所不在，觸目即是。

他以最柔軟的心，走最堅實的路。為雷霆震震、風雲詭譎的昏昧世間，留住一片璀燦燈火。

蔡榮婷教授

曾任中正大學副校長。學術研究領域：中國佛教文學、唐宋文學、中國古典詩詞、中國古典小說、禪宗文學、禪宗文獻等。

〔推薦序〕

茶熟香溫且自看

羅文玲

金佛茶香莊嚴有韻

時序「寒露」，頗有「菩薩清涼月」湛然的清淨。靜靜喝杯茶，讓茶香溫潤舌底與心間，是生命彌足珍貴的記憶！

一輪明月在深秋慢慢向圓滿靠近，清秋，夜涼如水，收到來自武夷山的岩茶「金佛」，那溫柔的茶與幽蘭的茶香，心靈滿足而喜悅。

金佛產自白雲岩，白雲岩峰頂有白雲禪寺，我曾經一步一步拾級而上登白雲岩峰頂白雲禪寺，沿著石階緩步而升，旁邊就是白雲岩茶區。白雲岩，在九曲，高入霄漢，因常有白雲繚繞其間而得名。上有白雲洞、白雲庵，還有呂東萊讀書處等遺址，並有「極樂園」等題刻，在山上可眺賞九曲平川及群峰秀色。白雲自去來的自在，亦如閱讀蕭蕭老師的禪文化散文，自在白雲的意象頻繁出現。

虔敬的沖泡白雲岩「金佛」，當茶香與喉吻相遇瞬間，可以撫平所有波動，靜靜地與心對話，清楚平靜的思緒，能在圓滿與缺憾之間流動，心靈如金佛佛光撫觸靈魂般，寧靜祥和，有靜謐的能量通過，香氣芬芳。感覺到喝茶的幸福。疼惜的心對待一款茶，這款茶同樣以美好回報於你，交心的幸福，這樣的茶香適合靜靜品讀蕭蕭老師的禪文化散文。茗香繞於指尖，滋味醇甜，我也奉上一杯茶供於佛前，金佛獨自香著他的香。

愛茶人，在不知未來的那時堅持著自己的認為，艱苦與變動依然願意安靜地做著她覺得有意義的事，或許堅信是金子一定會發光的，修行是光彩奪目之前的必修課。金佛得經過一定時間的轉化和沉澱再品飲，方可體驗到真正的本味。金佛，具有年份感的一款茶，人間萬事萬法因緣生，我在靜靜的秋夜，品「金佛」，這經過歲月沉澱的陳茶，大氣中包含溫柔，大氣溫柔讓我感悟秋天喝茶的恬淡與茶的內在能量，在喝茶當下就是喝茶，喝金佛也安頓了身心。

喝金佛品讀蕭蕭禪文化散文，直率、深情、豁達，閱讀到蕭蕭面對生命困頓與轉折，依然有保持慈悲的胸懷。生命的苦難都可以如過往雲煙，名聞與利養，都能「縱一葦之所如，凌萬頃之茫然」那樣自在面對。

一輪明月在天，一缽「金佛」在手，閱讀禪文化散文，仰視天地之間圓滿的佛法，感受到此心安處，即是吾鄉。

老鐵觀音醇厚沉穩

幾次隨蕭蕭老師及愛茶人阿利、榮婷老師一起喝茶，口腔喉腔胸腔中滑動，如同雲煙繚繞的山間小徑，帶我穿越時光，與大自然對話。

我們飲過福鼎白茶，品過安化黑茶，喝過武夷岩茶，在品味每一種茶的時刻，彷彿置身恬淡如畫的山谷中，我感覺聆聽蕭蕭文章，就如同茶湯的味道呈現出清淨、智慧與醇厚感。

一者文心清淨。

清淨如白茶，那盈潤如雨露的清香，輕柔地舞動在空氣中，彷彿流轉著春的氣息。它如一汪明亮的溪流，溫潤而純淨，滋養著心靈的花園。每一口細細品嘗，都是與自然對話的契機，感受大地的饋贈。

二如智慧澄清。

智慧如老鐵觀音，彷彿深夜中的明月，散發著一種神秘而獨特的韻味。它沉穩而濃郁，帶著歲月的滄桑和歷史的厚重。每一口潤澤喉吻，似乎就能聆聽到歲月的悠長回響。老鐵觀音，是時間的見證者，也是我們內心深處智慧的印記。

三是醇厚回甘。

武夷岩茶，大自然的禮物。在那片險峻的岩石之中，茶樹倔強地生長，從中提取的茶葉充滿了獨特的礦物質和濃郁的岩石氣息。每一口舐舔，都是與大地的靈氣相融合，感受到山林的精神力量。武夷岩茶如同一座古老的寺廟，靜靜地守護著歲月的秘密。

閱讀禪文化散文，如同品味茶的過程，不僅滿足了味覺的享受，更是與自然、與歷史、與人文的交流。每一杯茶都是一次心靈旅程，讓我們遠離喧囂的塵世，回歸內心的寧靜。在這個繁忙而紛擾的世界裡，就是將心靈帶回那片恬靜的茶山，與大自然共舞，與古老智慧對話的美好時刻。

珍惜每一次的茶席，珍惜與文字對話的心靈盛宴，讓人遠離塵俗，沉浸於寧靜與智慧之中，將瑣碎的憂慮拋諸腦後。

品讀文章同一起喝茶對話是一種心靈的提升修行，讓我學會傾聽自己的內心，感受生命的美好與深邃。隨文入觀的引領，接觸到博大精深的中國茶文化，瞭解禪的意境和生命哲學，老鐵觀音一般讓我們醇厚沉穩。

八卦山茶氣息活潑

金秋，清涼的季節！

蕭蕭的文學禪，每一篇都有豐盈的心靈能量潤澤，「心靈能量」就是當你跟一個人在一起，可以不怖不畏，不憂不懼。可以放心讓他做自己，心裡清楚知道他也會放心讓你成為你自己。心靈能量更像是一種價值觀，或生命厚實度。我們年輕時，心都淺淺的，一點點什麼就波瀾壯闊，到了中年，有了一定年紀，歲月的洗禮，心會愈來愈厚愈醇，就算有人拿湯匙去攪，也不會翻倒，生命過程中遇見擁有心靈能量的老師是非常幸福的事。

佛教經典《維摩詰所說經》。維摩詰，是一位在家出家的居士，雖奉持沙門卻有妻有子、遊戲人間、廣大神通、辯才無滯、智慧無閡，為人說法，自渡而渡人。「欲行大道，莫示小徑」，「欲得淨土，當淨其心」等等著名語句，就是維摩詰所說。在中國古代維摩詰的人生態度與生存方式為眾多士人所效仿，如魏晉士人、王維、蘇軾等。因其所處時代環境、個性特徵不同，他們所嚮往的「維摩人生」也有其各自不同的特色。《維摩詰經》中說：「若菩薩欲得淨土，當淨其心；隨其心淨，則佛土淨。」

讀《禪林覓花》、《禪花釀蜜》，喝八卦山上四季春，亦如穿越時空遇見當代摩詰，淡淡的喜悅與清涼在金秋空氣中、你我的生活流動。

「霜落蒹葭水國寒，浪花雲影上魚竿，畫成未擬將人去，茶熟香溫且自看。」彷佛明朝詩人李日華也正看著未來的我們在閒適的畫境裡。

二〇二四寒露寫於九龍江邊

羅文玲教授
閩南師大創意寫作中心主任

應無所住而生其心

在哭過笑過的地方
生清淨心

六祖慧能是中國禪的始祖，他將印度禪與中國文化結合，使禪有了中國面貌、中國聲音。影響他最大的一句話，就是「應無所住而生其心」。

慧能大師，俗姓盧，先祖范陽人，父親盧行瑫，謫居嶺南新州；慧能出生於西元六三八年，三歲時父親過世，由母親撫養長大，家境清寒，因此也就沒有機會讀書識字，每天砍柴、賣柴，藉此維生。有一天，他賣完柴，走出店門，聽到有人唸經：「應無所住而生其心。」心中若有所悟，彷彿觸動了心中的某一根弦，他忙請教人家這是什麼經，人家告訴他：《金剛般若波羅蜜經》，而且還跟他說，五祖弘忍正在湖北黃梅山說解《金剛經》，因而才有北上參見弘忍、以偈勝過神秀的後續奇緣。

後來，弘忍親自在夜裡三更為他說解《金剛經》，到了「應無所住而生其心」這一句，他終於大徹悟了！他說：

何期自性，本自清淨；
何期自性，本不生滅；
何期自性，本自具足；
何期自性，本無動搖；
何期自性，能生萬法。

我何必多思考，自性本來是清淨的！
我何必多攀援，自性本來無生滅的！
我何必多追求，自性本來與身具足的！
我何必多猶疑，自性本來不動搖的！
我何必多貪戀，自性本來就能生萬法的！

或許，我們不一定能了解「自性」是什麼，不過，了解「應無所住而生其心」倒真有令人動容的地方，住是「居」、「停」、「留」之意，不要在任何一件事物上停留、堅持、固執，《金剛經》的原文是說：「應如是生清淨心，不應住色生心，不應住聲音味觸法生心，應無所住而生其心。」

哪裡才是我們的心該駐足停留的地方？無所住，不在任何一處停留！而且，還要在不停留的任何一處能生清淨心！怪不得六祖慧能要為這一句話心中震動兩次，一次啟，一次悟。

最近一次，我在學校的週會演講是以這樣的一句話結束的：「喜怒哀樂，不妨形於色，但要能不住於心。」不是嗎？該是喜樂的事，何不放懷大笑，原是悲愁的結，當然要放聲大哭，只是，事過了、境遷了，又何必讓那樣的心事心結永遠停留在胸口呢？

而且，還要在任何笑過哭過的地方生清淨心！

——原載一九九三年七月二十三日《自由時報》

皮肉骨髓，廓然無聖

鹽水蜂炮，不足以代表臺灣；
平溪天燈，也不足以代表臺灣；
必須是好多好多小鎮的特色，有皮有肉有骨髓，
才是臺灣的真正面貌。

臺灣有幾個頗具特色的小鎮，如果路過，我總要彎過去遛達一下，淡水的暮色、九份的山海、礁溪的冷泉、竹山的竹、三義的木雕、鹿港的古風、美濃的客家

風味……都足以令人流連忘返。好幾次，從高速公路回彰化，我都會到三義看木雕，三義街道兩旁堆滿了或大或小的木頭，散發出樹木與陽光特有的氣息，聞一聞這樣的氣味，彷彿也有了森林蓬蓬勃勃的生機。

每次到三義，我就會看到許多達摩祖師，木頭雕的，竹子的根部雕的，滿臉滿腮鬍鬚，兩目炯炯，臺灣民間信仰很少看到崇仰達摩祖師的，據說日本人買得多，當神像膜拜，還是當藝術品供奉，那就不得而知了！

他是波斯的和尚，還是南印度的婆羅門族，其實我們也不得而知。不過，從印度或波斯到達中國，又從中國將其傳說渡海來臺，如今又以木之雕的面貌去到日本，這樣的文化交流，應該是就原有的文化與之融合再衍生為新的文化吧！各就所近，各取所需，各有所長。

達摩祖師，相傳於西元五二〇年到達中國南方，五二七年曾在南京與中國建寺廟最多的皇帝梁武帝見過面，梁武帝問他：「即位以來，我造寺、寫經，度僧無數，是否有大功德？」

達摩說：「無功德可言。」

梁武帝一驚：「怎麼會沒有功德？」

達摩說：「這是人天小果報，就像人的影子，一直是隨形不離，似有卻又不實在。」

「那，什麼才是真功德？」

「真功德：淨智妙圓，體自空寂，是一種至圓融、極純淨的智慧，它的本體卻是空然寂然，無法用世俗的方法求得。」

梁武帝又問：「什麼是聖諦第一義？」

達摩答：「廓然無聖。」

梁武帝說：「既已無聖，那坐在我面前的又是誰？」

達摩說：「不識。」

達摩始終覺得梁武帝未契佛理，因此離開南京，渡江北上，在少林寺中壁觀多年。

西元五三六年，達摩臨終前，召集學生，要他們提出學佛的心得，道副先說：「依我看，我們應該不執著於文字，也非全然捨棄文字，文字是一種求道的工具。」

達摩說：「你得了我的皮。」

尼總持說：「據我了解，頗似慶喜看到阿閦佛國，一見便不再見。」

達摩說：「你得了我的肉。」

道育說：「地、水、火、風，四大皆空；色、受、想、行、識，五蘊非有；依我之見，整個世界無一法存在。」

達摩說：「你得了我的骨。」

最後是慧可，他只向達摩行了禮，然後一動也不動，一言也未言，達摩說：「你得了我的髓。」慧可後來成為禪宗二祖。有人認為這是老子「知者不言，言者不知」的註腳，是孔門「子夏、子游、子張，皆有聖人之一體；冉牛、閔子、顏淵，則具體而微」的另一種學行進度的品評。也有人將慧可的行禮不言，與迦葉的微笑不語，等量齊觀，認為「諸法寂滅相，不可以言宣」（《法華經》）。

我想：只有「髓」，那將依附何處？知而不言，或許可能，但仍然會有象可循吧！迦葉微笑了，慧可行禮了，四季運行了，百物生長了！這都是可觀的象。

皮、肉、骨、髓，必然相互依存。

披一張皮的，不是達摩真傳。只敲骨髓的，也非達摩真義。

鹽水蜂炮，不足以代表臺灣；平溪天燈，也不足以代表臺灣；必須是好多好多小鎮的特色，有皮有肉有骨髓，才是臺灣的真正面貌。

既已廓然，誰能是那唯一的聖人呢？

——原載一九九四年五月二十七日《自由時報》

指月

乙亥年春日 王鴻

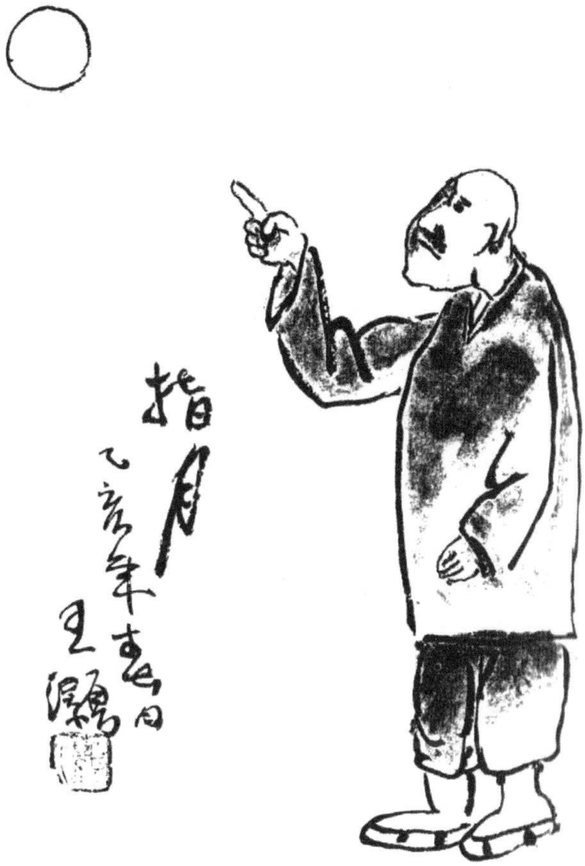

畸形

「變」才是不變的真理，
「動」才有它不可動的力量。

讀大學時，非常喜歡看「意識流」小說，人的意識如水一般流蕩不停，總希望看看別人的意識裡到底在想著一些什麼。當我有崇高優美的情操時，別人也願這樣犧牲自己嗎？偶爾我們也會有卑鄙齷齪的念頭，那時，他是不是也有相同的想法？這些優美或不優美的意念在腦海裡閃閃現現，周流不停。——別人的意識是不是也

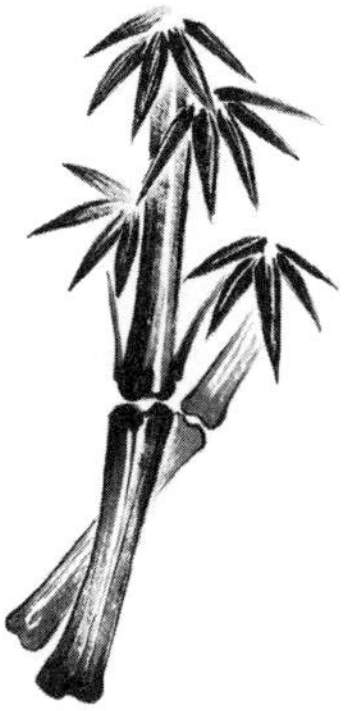

是這樣流？

水，晝夜不停地流。

花草樹木，日長，夜，也長。

而人的意識，更是分分秒秒變動不居。

——這不就是人與萬物的自然現象嗎？

正因此，當我讀到日本禪師有關「畸形」的故事時，我所想的也許跟別人有些不同：默仙禪師的信徒跟他訴苦，說自己的妻子太吝嗇了，所以，默仙找了一天去探望這位信徒的妻子，用力握緊拳頭伸到她面前。

「你這是什麼意思？」女人驚訝地問。

「如果我的拳頭一直是這個樣子，妳會叫它什麼？」

「畸形。」這位太太說。

接著，他又把手張開，平放在她眼前，說：「如果這隻手永遠這樣呢？」

「另一種畸形。」

「只要妳多想想這些，」默仙說：「妳就是一個好妻子。」

據說，這位太太後來相夫教子，非常賢慧，懂得節儉，也懂得樂善好施了！

大部分的人都會覺得握緊拳頭是用錢儉省、滴水不漏的意思，伸張手掌則有花錢寬鬆、落花流水永不回的感覺。不過，我想到的卻是「變」，才是不變的真理，「動」才有它不可動的力量。「握緊拳頭」是一種不動的現象，「伸張手掌」是另一種不動，「不動」則是「畸形」，手之所以有用，就因為它能動、能伸、能握、能張，誰都不希望手掌只能握不能張，也不希望只能張不能合。隨著不同的時間、不同的需要，手可以一手指天一手指地，然後化指為掌，握掌成拳，抱拳在胸，當胸一指，「天上地下，唯我獨尊」。這才是有用的手，這才是有用的人。

任何一棵樹都不會長出一模一樣的兩片葉子。

任何一朵雲都不會影印自己上一秒的面容。

連睡覺都要時時變換姿勢的我們，如何容許自己「一直是這個樣子」！容許自己是一隻張不開的手，永遠畸形！

——原載一九九三年七月三十日《自由時報》

花與微笑

很多人喜歡拈花微笑這個故事，因為嚴肅的哲理不一定要有一張黑色的臉，如果一定要有一張如包青天一樣黑色的臉，也不妨在最醒目的額際有著一彎眉月。

心領神會，應該是人與人之間最完美的一種默契。如果是費了好大的勁，唇焦了、舌敝了，聲嘶力竭了，才勉強溝通雙方的意見，那不是十分累人嗎？

每次讀蘇東坡的〈念奴嬌〉，就是喜歡他的「談笑間，強虜灰飛煙滅」，面對敵人，也不過是談談笑笑而已，舳艫千里，旌旗蔽空，也就如灰一般飛散了、如煙一般滅絕了！何況，面對的是至親的人、至愛的人，不是更可以輕輕地說、淺淺地笑嗎？

釋迦牟尼佛在靈鷲山上講法，眾弟子都聚精會神，希望能聽到無上妙法，整個靈鷲山會上氣氛肅穆，充滿了期待，這時，釋迦拈著花，徧示大眾，眾皆默然，大家都在想：世尊到底是什麼意思？

——在一個虔敬的講法大會上，安詳地拈舉一枝花。這其中有著什麼奧義呢？這時，只有迦葉尊者破顏微笑，世尊說：「吾有正法眼藏，涅槃妙心，實相無相，微妙法門，不立文字，教外別傳，付囑摩訶迦葉。」

從靈鷲山回來以後，釋迦佛讓眾弟子圍繞著他和迦葉，傳法給他，還將袈裟、食缽做為象徵性的信物，也一併交給了迦葉，所謂「衣缽真傳」就從這個時候開始，迦葉尊者因此成為印度禪的初祖。迦葉傳了二十七代以後到了達摩，達摩被稱為第二十八代祖師，他在西元五二七年南朝梁武帝時代來到中國南方，結束了印度禪的時代，成為中國禪的初祖。

很多人喜歡拈花微笑這個故事，因為嚴肅的哲理不一定要有一張黑色的臉，如果一定要有一張如包青天一樣黑色的臉，也不妨在最醒目的額際有著一彎眉月。

莊子的故事中，我們不是也很喜歡莊周夢為蝴蝶的這一節，莊周夢為蝴蝶，栩栩然蝴蝶的感覺，是一種適志的感覺，俄然夢中覺悟，蘧蘧然得意的那蝴蝶不就是我莊周嗎？莊周和蝴蝶，在人的思考中是有區別的，但在夢中，莊周可以是蝴蝶，蝴蝶也可以是莊周。莊子的故事裡有蝴蝶與夢的美，禪宗的故事裡也有花與微笑的美。

——尤其是當我們想到：花是不會飛的蝴蝶，蝴蝶是會飛的花。我們的心豈能不三月，怎能不微笑？

——尤其是那親愛的人，捧給我一把花，我怎能禁錮那粲然的笑！

——原載一九九三年八月六日《自由時報》

言語・道斷

鳥的吱喳，對蟬是沒有意義的；
蟬的嘶鳴，對人也是沒有意義的；
因此，人的言語對大地山河也可能是毫無意義的。

我從一個氣氛熱烈的談話場合抽身出來，在那樣的場合，誰都可能被感染，興奮地以言語交換信息、交換是非、交換長短（張家長李家短）。如果我們將這樣閒聊的話語當場祕密錄音下來，日後反思檢討，會有哪些話是當時必須說的？哪些話

又是一點意義都沒有的？哪些話既不能利人利己，反而可能傷害到別人？

觀察動物界，好像只有鳥的吱喳、蟬的嘶鳴，與人的言語一樣多而聒噪。話，需要這麼多嗎？我常認為人的一個動作、一個眼神，其實已經說盡了許多情意，又何必用那麼多的聲音，撥弄那麼多的唇舌？

鳥的吱喳，對蟬是沒有意義的；蟬的嘶鳴，對人也是沒有意義的；因此，人的言語對大地山河也可能是毫無意義的。

過多的言語，對其他人又能有什麼啟示？

氾濫的言語，不就成為人世間的噪音嗎？

孔子有一次感嘆地說：「予欲無言。」他也發現到太多的話是一種生命的浪費，而且，言語也有它一定的極限，傳言何如傳心？傳心才能傳神。不過，子貢可急了：「如果老師您不說話，我們要傳述什麼道理呢？」

孔子說：

天何言哉？

四時行焉，
百物生焉，
天何言哉？

——《論語．陽貨篇》

不正是這樣嗎？上天何曾說過什麼話，日夜照常交替，四季照樣輪迴，萬物順遂生長，如《易經．乾卦》說的：君子法天以自強不息。

我們不都是在觀察天地萬象的時候，領悟人生道理嗎？山高則願大，海寬則智遠，大自然一再啟發人類，而上天何嘗有一言半語敘說？花開了，人喜悅；花謝了，事無常，花亦無語。

日本僧人也曾請教他的師父：「不開口，不閉口，師父如何表達真理？」師父說：「我們知道：中國江南的春天，鳥在百花間歌唱。」——聞一聞，看一看，聽一聽，何須言語？

花香、鳥語、春意盎然，這其中就有著真意，欲辯又能找到什麼樣的言語？所以，何須言語？

《六祖壇經》中記載，無盡藏尼精研《涅槃經》，但仍有許多地方不甚了解，她向慧能法師請教，慧能說：「我不識字，請妳讀經文給我聽，或許我可以解開妳的疑惑。」無盡藏尼更疑惑：「你不識字，怎能解經呢？」

六祖說：「真理與文字無關啊！真理就像天上一輪明月，文字只是指月的手。手指可以指出明月在哪裡，但手指並不等於明月；欣賞明月，也不一定要透過手指啊！」

言語、文字，都是那指月的手指，我們常常七手八指，明月都被一層雲霧遮住了！

——原載一九九三年八月十三日《自由時報》

石頭之死

我們不一定學會這種曠達、瀟灑，
至少學會不要怪罪身體會壞、情愛會老。
心會碎、石頭會死。

什麼是生命？

有一次生物老師要學生為「生命」兩字下個定義，「會動」、「會呼吸」、「會成長」，很多學生提出許多奇怪的觀念來解釋生命現象，都掌握了生命的某種特質卻不一定能切合生命的本體，無法解釋生命的所有現象。倒是一個上課不太用功的學生開玩笑地說：「會死的東西，就是有生命的東西。」生物老師卻大加讚許。

石頭不會死，所以石頭是無生命的。

如果我們說石頭「有生命」，那是因為我們將它擬人化了！石頭也有它的生成、住、壞空，所以，石頭也是有生命的。準此，萬物都有其成住壞空，萬物都可以視為生命體——當然，是生命，就會有死亡，這也是我們視萬物為生命體時該有的體認。

石頭是生命，所以石頭也會死。

你我之間的深情厚意是有生命的，當然，「他」也會結束，會死亡。有時，在人未死之前，「他」已結束多時；有時，其中一人先走了，兩人之間的深情厚意卻又延後多時。

所有生命的生與死，都不是人力所能掌控的，情愛的滋長與結束，無不如此。

有位禪師，小時候不小心打破了老師最心愛的茶杯，那是保存了很久的稀有骨董，他當然非常恐慌，正在收拾碎片，老師的腳步聲卻也近了，他把碎片藏到背後：

「老師，為什麼人一定會死？」

「這是自然現象啊！」老師說：「每樣東西都有它一定的壽命，大限一到，人自然會死。」

這時，他把碎片拿出來：「老師，你茶杯的大限到了。」——茶杯有它的生成，也有它的大限。

這時，老師會不會一巴掌打過去：「你的大限也到了？」

如果是以前，有威嚴的爸爸可能會在孩子打破碗碟時，一巴掌跟著打過去（為碗碟報仇嗎？），那時，孩子為了不小心打破碗碟，已經害怕、憂急、不知如何是好，這一巴掌能使碗碟恢復原狀嗎？有威嚴的爸爸難道不知道碗碟也有它的大限嗎？

有人花瓶掉在路上，碎了，他頭也不回仍然繼續向前走，人家提醒他，他說：「花瓶破了，看也沒有用啊！」

我們不一定學會這種曠達、瀟灑，至少學會不要怪罪身體會壞、情愛會老、心會碎、石頭會死。

——原載一九九三年八月二十日《自由時報》

一放再放三放

禪，可以是三斤麻，可以是庭前柏樹子，
馬祖禪師當然也可以是一堆木柴，
不能領悟到這點，心中的柴就會愈來愈重。

我走路的步伐極快，幾乎接近慢跑的速度。對我來說，也許這是一種習慣，從讀初一開始，我不是騎腳踏車，就是坐彰化客運的車子上學，騎腳踏車時，一方面是為了趕時間，一方面是與同學競騎，踩輪子的腳不曾停過，腳力就這樣練出來

了，不必踩車輪時，腳仍然習慣性地快速交替。即使是坐客運車，也只坐到員林車站，我們要沿著靜修路再走一點五公里才到校，怎麼能不趕呢？

有一次回員林，跟昔日同窗吃過晚飯走在騎樓下，邊走邊聊，我忽然發現沒人回應我，越頭一下看，同學落後我三個店面，「緊咧喂！」我叫他們，其中一個笑著罵我：「你走那麼快，要赴死啊！」

因為我走路比別人快，往往會空出一小段時間等人，這段時間足夠讓我瀏覽一個有創意的櫥窗，或者注視一莖草如何在水泥縫中探頭，一對老夫妻如何相互扶持過路口。路旁如果有一段短牆，一截木頭，通常我會走上去，像小孩子一樣平伸著左右手，玩著平衡走路的遊戲，或者三步兩跳，又唱又叫。有時有人吆喝賣膏藥、賣玩具、賣魔術牌，我不一定買，但一定停下來看，看別人湊熱鬧，也讓別人看我鬥鬧熱，我不怕同伴走遠了，等一下我會趕上他，追過他。

陪學生行軍時，本性依然不改。學生唱，我也唱；學生開玩笑，我跟著起鬨；學生席地而坐，我也一屁股跟著坐了下來。「老師，你一點都不像其他的老師！」

我不像其他的老師嗎？我只是放下身段而已。放下老師的身段，放下爸爸的身段，放下董事長的身段。放下身段，路邊的攤子也可以坐下來品嘗，高興時敢於縱懷大笑，悲痛時何妨聲淚俱下，只要放下身段，與萬物不就可以和合同塵了嗎？

放下身段，隨時都有放假的心情。

佛陀住世時，有婆羅門教徒拿著兩瓶花要奉獻給佛陀，恭請佛陀開示佛法，佛陀只說了兩個字：「放下。」婆羅門放下他左手上的花瓶。佛陀又說：「放下。」婆羅門趕快再把右手拿著的花瓶一併放了下來。

結果，佛陀仍然只說：「放下。」

婆羅門覺得很奇怪，手上的花瓶都已放下，兩手空無一物，還要放下什麼？

佛陀要他放下的，其實，豈僅是身外物而已，最重要的恐怕是心上事吧！要能放下六根（眼、耳、鼻、舌、身、意）、六塵（色、聲、香、味、觸、法），以及因此而產生的六識，才是真放下。放下這六識，就不會有分別心，不會有對待義，生、死，智、愚、高、下，內、外，就不再是心的負累，心的桎梏了！

——簡單的說，不就是放心嗎？

——放心，所以開廓胸襟，對事對物不再有憂危之慮。

儒家也講「放心」，《尚書．畢命篇》：「雖收放心，閑之維艱。」是說：要把已經「野」了的心收回來，好好加以管束，可真不容易啊！因此而有「學如逆水行舟，不進則退；心似平原縱馬，易放難收」的俗諺。孟子也說：「學問之道無他，求其放心而已矣！」把放失的本心找回來，求學問道，也就接近成功了！《尚書》和孟子都把「放心」解為「心無檢制，縱肆失度」，所以要將它找回來，試想：一顆已經縱肆失度的心，有可能再回到學問寂寞的路上來嗎？不如這樣說：

——求學問，再沒有比這更好的辦法了：要讓自己對自己所求的學問透徹了解，沒有任何疑慮，沒有任何罣礙，心懷開闊，可以坦然相對。

你對自己放心嗎？對自己安排的事放心嗎？如果一切都已盡力，何不放下一切，擁一顆自在的心！

可惜，臺北人已經夠匆急的腳步，如今又戴上「大哥大」的鐐銬，人走到哪裡，聲音追蹤到哪裡，心也提到哪裡！

不累嗎？

很多人就是背著「大哥大」這樣的「柴」走江湖，從不知卸下的快樂。

馬祖道一禪師在江西說法時，石頭希遷禪師則在湖南論禪，年輕僧人不是投在江西馬祖處，就是投入湖南希遷的禪堂，更有一些人江西參參，湖南也參參，所謂「走江湖」就從這時候開始流傳起來。

曾經有個僧人向石頭希遷請教，希遷問他：「你從哪裡來？」年輕的和尚說：「我從江西來。」

希遷又問：「見過馬祖了嗎？」

「見過了！」

希遷隨手指了指身旁一堆木柴：「馬祖禪師像不像這堆木柴？」

年輕的和尚愣住了，不知如何回答。只好又回到馬祖身邊，將剛才的一番對話向禪師敘說一遍，豈知馬祖禪師突然喝問：「那堆柴多重？」

和尚一聽，不知所措：「我不曾估量過。」

馬祖以驚嘆的語氣說：「你的力氣好大喔！」

為什麼呢？馬祖禪師說：「你將那堆柴，從江西背到湖南，力氣不是很大嗎？」

我們是不是也背著這樣的一堆柴行走江湖？禪，可以是三斤麻，可以是庭前柏樹子，馬祖禪師當然也可以是一堆木柴。不能領悟到這點，心中的柴就會愈來愈重。

——放下那分別的心吧！木柴與禪師相等同。

——放下那思辨的心吧！走多少江湖依然徒費力氣。

——放下心中那堆根本不存在的柴吧！

放身而又放心，海闊而又天空。

這時，我們再想想：「一物不將來時何如？」這是一位小和尚問趙州和尚的話，趙州和尚說：「放下吧！」小和尚更不明白了，身手空空，一物不取，還要放下什麼？

趙州和尚說：「那就把一切都挑起來吧！」

這一句話，可能是反話，也可能是孟子的意思：「學問之道無他，求其放心而已」的「求」。——其實，我們可以逼問一句：孟子是不是也說了反話？

孟子一定認為：可以把一切都挑起來，才有可能把一切都放下來。

禪家卻認為：沒有什麼可以挑起來，也就是完全放下一切。

反話是有道理的。當護士小姐右手拿著針筒，左手以藥棉擦拭著我們的肌膚，一面說：「不要緊張，不要緊張！」我們能不緊張嗎？一個國三學生的家長再三叮嚀：「你只要好好用功，什麼事都不要管，我們不會給你任何壓力。」這不就是最大的一種壓力嗎？

放下放下，連「放下」這樣的念頭都放下，身與心都處在無邊無際的自在裡，心靈的假期就永遠不會有收假的時候。

——原載一九九三年八月三十日《臺灣新生報》

一默如雷
乙亥年春日

生命無法事先演練

一股巨大的愛的源頭湧生，
智慧跟著湧生，
所以，可以迎向任何意外！

意外未來，災變未到，誰都無法預料自己會有什麼樣的應變能力，即使平常多加演練，也不一定能應付突如其來的許多想都沒想過的事情。所謂「意外」，當然是出乎人的意料之外，既然是意料之外，又如何演練呢？

住在臺灣，很多人都有遇到小偷的經驗，至少，很多人的親友都有遭小偷侵入的經驗。我們家就曾遭遇到竊賊，他（或者他們）趁著我們夫妻兩個同時出門之後潛入——小偷真的也很辛苦，不曉得觀察了多久，才知道這兩人是夫妻，住哪一層樓，什麼時候會出門，出門要多久才會回來——不過，小偷也會遇到意外，他以為我們會出去很久，沒想到太太只送我到巷口就踅向小店買牛奶回家，前後不到十分鐘，小偷潛入又潛出，空手而回。朋友都說沒損失就好，虛驚一場罷了！因為他們沒遇到過小偷潛入，都以為只是「虛」驚，實際上，我們換門鎖、緊閉窗戶、大白天也上門閂，足足一個月，風聲、車聲、別家關門的聲音都是賊。

「在哪裡跌倒，就要在哪裡站起來。」對吧！小偷都知道這句話，上次他一無所獲，犯了樑上君子的大忌，一個月以後，他又回來了。冰箱，太重，他沒搬；電視，節目太差，他沒搬；財富，藏在書裡，偷「書」會「輸」，他不敢搬。轉頭一看，桌上一架收錄音機還可以賣幾個錢，雖然不肥，也還算是羊。而我們，又一個月，心神不寧，不知道什麼時候什麼窗口他會出現，這樣的意外能如何演練？恐慌、害怕的心情是無法模擬的呀！

因此，讀到禪師遇到小偷的故事，我內心是敬仰他們的。最有名的是七里禪師，小偷成為強盜還以刀威脅他的性命，七里禪師說：「錢在抽屜裡，自己拿，不過，要留一點給我生活。」強盜拿了錢就要逃離，七里禪師又說：「收了別人的東西，應該說聲謝謝。」強盜真的說了「謝謝」才走。後來，強盜被捕，法警來求證，禪師說：「他沒搶，是我叫他自己拿的，他也說過謝謝了！」這個強盜非常感動，出獄後，自動投入七里禪師的門下，悔改修行。

七里禪師遇到意外，他並沒有經過演練，卻能鎮定面對，因為他看開了，金錢、生命，會來，也會去啊！不過，所謂看開了，並不是什麼都不要，「要留一點給我生活」，這才是真正活的、實實在在的人性，這也是智慧型的幽默啊！教強盜說謝謝，寬恕他的罪行，則是儒家仁者的胸襟了，大智大仁是平素的修養，意外來時自會有大勇的表現。

生命，顯然是無法事先演練的。

《大學》上說：「未有學養子而后嫁者也。」哪有先學會養育子女才出嫁的呢？不過，因為子女是自己所生，一股巨大的愛的源頭湧生，智慧跟著湧生，所以，可以迎向任何意外！

——原載一九九三年九月三日《自由時報》

因為細水長流所以才能截斷眾流

因為細水長流，
所以才能截斷眾流；
截斷眾流之後，仍然要細水長流。

靈感是什麼？很多人談到寫作，喜歡問起「靈感」的真假；文章寫不出來，就說：「我沒有靈感。」「靈感不來，我怎麼寫得出來？」

靈感，就是靈妙的感應，是我心與他心的會通，人心與物心的晤語，是心與心的融融洽洽；靈感不會憑空而來，長久的思索、湧盪、沉澱、昇華，才可能有那麼一秒兩秒的電光石火；正所謂「萬古長空，一朝風月。」——很多人只看見別人的風月，卻沒看見別人曾經的、亙古的空寂。

談禪的人都喜歡慧能的偈：

菩提本無樹，
明鏡亦非臺；
本來無一物，
何處惹塵埃？

如果以為從這首偈去領會，自己就可以了悟，恐怕也只是懸空的「口頭禪」——口頭說說而已！試想：本來無一物，當然處處不惹沾塵埃，可是又何處生智慧？我們都知道慧能的偈是在聽了神秀的偈以後才唸出來的，神秀的偈這樣寫：「身是菩提樹，心如明鏡臺；時時勤拂拭，莫使惹塵埃。」慧能的偈是站在神秀偈的肩膀才向上望的，如果沒有「莫使惹塵埃」的理想，沒有「時時勤拂拭」的精進努力，又如何發現「本來無一物」！

所有的「空」都不是本來就是空的，所有的「色」也不會突然「憑空」而至。儒家說：「**盡信書不如無書。**」也是因為有「盡信書」求取智慧的階段性努力，才會有「無書」的智慧圓熟境界。如果一開始就「無書」，那就什麼都無知、無識了！德山宣鑒禪師曾經把他用來潛心研究的《金剛經疏鈔》全部燒燬，他說：「**窮諸玄辯，若一毫而置於太虛；竭世樞機，似一滴而投於巨壑。**」在未悟以前，他必須一絲一毫、一點一滴去認識，如果放棄這些一毫毛、一滴水的認識，也就不能有海闊天空的胸襟，江洋浩淼的智慧了。

很多人常常以王永慶小學學歷而成臺灣企業鉅子為例，以為學歷無用。同樣是只看結果不看過程，忽略了王永慶艱辛奮鬥的血淚史。換句話說，我們不入中學、大學，就能成為王永慶嗎？我們燒毀經書，就能像德山那樣悟覺嗎？顯然這是不可能的。

因此，不要以為慧能真的在強調「本來無一物」的「空」，以為掃除任何陰霾就是好天空。回頭再看慧能改的另一首詩，也許更能從其中了解真正的智慧在哪裡。

臥輪禪師的偈：「臥輪有伎倆，能斷百思想，對境心不起，菩提日日長。」慧能認為此偈未明心地，如果依此修行，反而是自縛手腳，所以，他改示另一偈說：「慧能沒伎倆，不斷百思想，對境心數起，菩提作麼長。」臥輪截斷各種思想，不就明鏡，不就無處可惹塵埃了？這次，慧能卻要「對境心數起」的自然生機，菩提照樣這麼長。

仔細對照慧能改的詩，咀嚼前後四首詩不同的意念，我們或許可以這樣說：因為細水長流，所以才能截斷眾流；截斷眾流之後，仍然要細水長流。

關於靈感，不也是這樣？多少的冥思才有突然的驚喜，驚喜之後，依然去尋索轉彎後的花紅柳綠！

——原載一九九三年九月六日《榮光周刊》

要偷就偷心中的明月

你偷不去一片月色，
我也無法送你這美麗的銀月。

偷得浮生半日閒。在繁忙的日子裡，快速的腳步聲中，偶爾我們也客串一次小偷，偷個「空」，喘口氣。——到底，我們偷了別人的東西，還是偷了自己原有的財富？

小偷是不是也想過這個問題？——我們偷了別人的財富，還是偷了自己的幸

福？

石屋禪師和小偷就曾討論過類似的問題。這一天，他投宿在一家旅店裡，沉沉睡熟以後，聽到屋子裡有沙沙聲響，隨口就問：「天亮了嗎？」翻尋碰撞的聲音突然停了下來，有那麼一會兒，屋角的地方傳來陌生的口音：「夜還深著哪！」

「那你是誰？」

「小偷。」

「我不抓你，只問你幾個問題，這一生，你一共偷了幾次？」

「算也算不清了！」

「偷人家東西快樂嗎？」

「偷到手，當然快樂。」

「這樣的快樂能維持多久？」

「那要看偷到的東西價值高不高。」

「最快樂的那一次，維繫多久？」

「也不過四、五天而已！」

「四、五天以後呢？」

「快樂消失了。每天提心吊膽。」

「你這個小賊，為什麼不大幹一場呢？」

「看來你很老到了！」小偷反問：「你偷過嗎？」

「就一回。」

「一回太少了！」

石屋禪師說：「偷一回，一生都受用不盡。」

「那你到底偷了什麼東西？」

石屋禪師站起來，抓住小偷的胸部：「這個，你懂嗎？這才是無窮盡的寶藏，得到它，一輩子享用不完。」

「這個」，就是「心」，就是「佛性」。孟子：「人人有貴於己者，弗思耳。」（〈告子篇〉）能了解自性，比獲得人世間的富貴利達，更為尊貴、更為久遠，只是一般人很少想到這點，浮浮沉沉一輩子，偷名偷利，偷世上任何可偷的東西，就是不知道偷回自己的本心。——要，就只偷這一回。

良寬禪師的住所陳設簡陋，小偷也來光顧，不過，怎麼看，都看不出有價值的東西，轉身正要離開，剛好遇到從外頭回來的禪師，小偷不免驚慌，良寬說：「你遠道而來，不該空手而歸，這件衣服你就拿去吧！」說完，脫下身上的衣服給他。望著小偷遠去的背影，良寬禪師說：「可惜我不能把這美麗的月色也送給你！」

你偷不去一片月色，我也無法送你這美麗的銀月——小偷不知道這種遺憾，禪師知道，了悟自性的人知道：要偷，就偷心中那一輪明月！

——原載一九九三年九月十日《自由時報》

不熬夜的幸福

吃飯的時候要專心吃飯，
吃出每一粒米特殊的風味來，
睡覺的時候要專心睡覺，
睡到每一秒都在黑甜之鄉微笑。

夜深了，窗外黑幕重重，窗前一燈如豆，這時，正是讓自己的心與心對話最好

的時刻。當然，這時候的夜是三十年前、四十年前臺灣農村的夜，我們家還點著油燈，亮著四十燭光燈泡的時代。我喜歡夜深了，萬籟俱寂的那種感覺。從小學開始，我就天天熬夜，熬到夜十分深沉，心十分寧靜，讀讀書，彷彿可以跟古人心神相通的那種境界。

小時候熬夜，是因為白天有很多家事、農事要幫忙；中學時代，則是學校課業繁多；出來教書以後，那又名目繁雜了！晝短苦夜長，何不秉燭！只是古代的國之太子何不秉燭遊，現代的家之長子秉燭卻不是為了夜遊！

一直都這樣，孜孜矻矻，在晚上偷取睡眠時間來奮鬥！彷彿這才叫做人生。

四十歲以後卻發覺，不能再熬夜了，一熬夜，身體非常疲累，不堪負荷，這時想起大珠慧海禪師的話，原來「飢來吃飯，睏來即眠」就是一種幸福，肚子餓了有飯可吃，不是一種幸福嗎？疲困了可以躺下來休息，那更是一種負荷的紓解。這樣平凡的幸福，說不定有些人就不能靜下來欣賞、靜下來享受。想想「熬夜」的「熬」，就是「煎熬」的「熬」，能夠不熬，那就是幸福了！

慧海禪師是馬祖的弟子，有人問他：「和尚修道，還用功嗎？」慧海說：「用功呀！」怎麼用功法？他就說了這八個字：「飢來吃飯，睏來即眠。」所有的人不都是這樣嗎？都跟禪師一樣用功吧！慧海卻認為不同，怎麼不同法？他說：一般人「吃飯時不肯吃飯，百種需索；睡覺時不肯睡覺，千般計較。」

臺灣人常說：「吃飯皇帝大。」這意思就是說，吃飯是一件最重要的事，吃飯了，什麼大大小小的事都該放下來，不可以一面吃飯一面想問題，不可以一面吃飯一面責罵孩子，吃飯的時候要專心吃飯，吃出每一粒米特殊的風味來，睡覺的時候要專心睡覺，睡到每一秒都在黑甜之鄉微笑。

這是正常而平常的事，可是一般人卻也不容易做到，很多人一邊吃飯一邊看電視，他如何知道飯菜的滋味，如何體會母親或妻子的愛心？我曾參加觀光旅遊團到國外，同團的人天天透過電話問臺灣股票的起落，觀光都不能專心觀光，如何玩得開心！

餓了就吃、疲乏了就休息，這樣的平常心就是道。我們鄉下人常開這樣的玩笑：「碗放著，沒人會替你偷洗！」真是累了，放下工作休息去吧！「水來土掩、兵來將擋」，有什麼好擔心？能這樣，也才會有「飯來張口，茶來伸手」的幸福。

最近還熬夜嗎？還熬啊！只是睏來即眠，順著生理時鐘，自自然然地運轉而已！

——原載一九九三年九月十七日《自由時報》

將心開放給雲天青空

在這種富於自然形象的詩句裡，
我們的心彷彿也可以開放給雲天青空，
任風月自在，隨蜂蝶飛舞！

讀研究所時，撰寫碩士論文，我以晚唐司空圖《詩品》為研究對象，發現司空圖以二十四首詩來摹寫詩的二十四種風格與境界，這二十四品，每品十二句，每句四字，以仿「贊」體來寫，如說到「雄渾」，他說：

大用外腓，真體內充。
返虛入渾，積健為雄。
具備萬物，橫絕太空。
荒荒油雲，寥寥長風。
超以象外，得其環中。
持之非強，來之無窮。

其中類似「荒荒油雲，寥寥長風」這樣的形象喻詞，每一品中都大量使用，使得抽象的觀念能以具體的形象喻詞描繪出來，讀者讀到這樣的詩句，閉目凝想，一幅雄渾之美的畫境，就可以在眼前舒展開來，而雄渾的意蘊，也因此可以留下深遠的印象。

在司空圖之前，南北朝時代的《世說新語》則以形象擬喻來品題一個人的容止，如「嵇叔夜之為人也，巖巖如孤松之獨立；其醉也，傀俄若玉山之將崩」，頗能點明嵇康挺拔之英姿，所謂「玉樹臨風」云云，也就是這種擬喻詞的簡明表現吧！

後來鍾嶸的《詩品》也以簡易的形象，臨摹謝靈運與顏延之二人相異的地方，他引用湯惠休的話說：「謝詩如芙蓉出水，顏如錯采鏤金。」都能讓人在簡短的一兩句話中，留下鮮明的印象和意念。

唐朝使用這種形象喻詞最為普遍，初唐的張說以品評的擬喻法，說：「楊盈川文思如懸河注水，酌之不竭。李嶠、崔融、薛稷、宋之問之文，如良金美玉，無施不可。」中唐「韓門」子弟皇甫湜的〈諭業〉一文，也應用了「赤羽玄甲，延亙平野」、「高冠華簪，曳裾鳴玉」、「長江大注，千里一道」等詞，都可看出論評者極想以一個鮮明活潑的形象帶領讀者進入詩中的美好境界。

清朝最有名的測字大師程省（字以三），一生鑽研測字之學，最擅長鍊句取格，有時以單句取格，如「泉」是「無絲引線」，「池」是「平地興波」；有時以雙句取格，更見文采之美，如「等」字：「竹乃清閒之品，寺非名利之場」，「沃」字：「海闊從魚躍，天空任鳥飛」，「欲」字：「有容德乃大，無欺心自安」。都令人乍悟而解頤，沉思而擊節。

因此，讀到《景德傳燈錄》，天柱崇慧禪師與弟子的問答，也以形容擬喻的詩句涵蘊禪機，每每令我在詩的美妙意象與禪的幽微悟境間流連不已。

問：「達摩未來此土時，還有佛法也無？」

天柱禪師：「萬古長空，一朝風月。」

問：「如何是西來意？」

天柱禪師：「白猿抱子來青嶂，蜂蝶啣華綠葉間。」

問：「如何是道？」

天柱禪師：「白雲覆青嶂，蜂鳥步庭華。」

問：「如何是天柱家風？」

天柱禪師：「時有白雲來閉戶，更無風月四山流。」

在這種富於自然形象的詩句裡，我們的心彷彿也可以開放給雲天青空，任風月自在，隨蜂蝶飛舞！

——原載一九九三年九月二十四日《自由時報》

劈佛破冰

那些口裡常說戒菸有什麼了不起的人，
劈不了心中的佛，
仍然讓煙熏著自己的喉，多可悲啊！

記憶中好像有這麼一段戲中的情景：明朝開國皇帝朱洪武，小時候家境貧寒，曾經出家當和尚，在寺中負責掃地的工作，他一面掃一面說：「走開走開！」佛像紛紛移位，讓他掃乾淨了，才又回復原位。這一景象在腦海中一直十分清晰，說不

定帝權至上的時代，真會有這種神話式的傳說，也才會有這種神話式的戲劇演出，留在我腦海裡磨滅不去。

神佛一直是臺灣民間信仰中至高無上的權威，一個小和尚（儘管說他是帝星降世）卻可以叫他移動他就移動，我心中只有「不可思議」的感覺。

後來讀《景德傳燈錄》，讀到丹霞天然禪師在「慧林寺」，遇到冬日酷寒，竟然燒木佛來取暖，有人譏笑他，學佛的人竟然焚佛，他說：「我要燒取舍利子。」人家更嘲諷他：「木頭哪會有舍利子？」丹霞禪師說：「如果真燒不出舍利子，怎麼可以責怪我燒木佛呢？」得道的大師圓寂，火化後會留下舍利子，木佛燒後不能留下舍利子，表示佛像未得道，燒了又有什麼關係？這種大膽的言論和舉動，真的讓我無限駭異！

以人本文化為重心的孔孟思想，如果有這樣的行為，說不定還有學理上的根據，譬如《孟子．盡心篇》上說：「**犧牲既成，粢盛既潔，祭祀以時，然而旱乾水溢，則變置社稷。**」這意思是：供祭祀的犧牲，如牛羊豬之類的牲畜，養得肥肥大大了，供祭祀的黍稷，放在禮器裡，洗得乾乾淨淨了，而且按時祭祀，卻仍然有乾旱水澇的災害，那就另立新的土地之神、新的五穀之神吧！這是以民為主的想法，不好的諸侯、政府，應該重新變置；不能保護人民的社稷，也該當拆毀、重建。

可是，一個信佛、學佛的人，反而劈木佛取暖，那又為了什麼？

我想，這則公案只有一個思索的方向吧！——那就是徹底打破「我執」。我們心中總會有一些頑癬一樣的執著，生活裡不容易除去的積習，偶像崇拜、嗜慾的迷戀，往往成為行事、思理上的桎梏，視境裡的盲點。譬如說，如果一個人一天到晚焚香不已，梵唱不斷，卻不從修心養性處下功夫，以為拜佛唸佛就是一生中的獨一要務，那就應該有人為他做出「劈佛」的霹靂行動，才能讓他在滿天煙雲中突然看見霞光萬丈。

最好，當然是他自己劈開迷雲障霧，窺見自己的青天——我所有戒菸成功的朋友，全都是一夕之間完全戒絕的。那些口裡常說戒菸有什麼了不起的人，劈不了心中的佛，仍然讓煙熏著自己的喉，多可悲啊！

丹霞禪師焚木佛的舉動，在禪宗史上只許有這麼一回，而我們剷除心中迷障、執著的努力，卻要時時破冰而行。

——原載一九九三年十月一日《自由時報》

斬了貓，斬不了迷執

南泉藉斬貓來破除兩堂和尚的物執，
誰的心中會有南泉來斬除我們
愛的迷執呢？

臺中一家頗為有名的小學，因為痢疾傳染而更為有名了，很多人都在揣測最初的病源來自東南亞的某些國家。因為這所小學的學童，很多人在暑假期間出國旅遊，有可能因此而帶回了病原體。

近年來，帶孩子到國外旅遊的人愈來愈多，可是，我們有沒有想過：為什麼要帶孩子到某個國家去？這個國家是否具備了值得教育孩子的文化資產？或者，我們只是因為這個國家的山水佳美，單純地帶孩子徜徉山水之間，怡悅情性？如果是這樣，平常的日子我們習慣帶孩子在臺灣島上尋山訪水，追風逐雲嗎？平常不常讓孩子與大自然接近，只在暑假帶孩子去看異地風光，對孩子的身心成長，其實並沒有什麼幫助。不如省下這筆錢，等他更大了，更有吸收、判斷力時，再讓他出國。否則，只在機場上追逐，在沙灘上望海，在大人採購時隨大人亂轉，出國的意義又在哪裡？

不過，我知道這番話，有錢的臺灣人聽不進去。不如說個南泉斬貓的禪宗公案，或許會有怵然一驚的時候，那時，說不定會回頭思考我們愛孩子的方式。

南泉普願禪師，是唐朝馬祖道一禪師的門下，曾有三十多年不離南泉山的禪院。有一次，東西兩堂的和尚在爭一隻貓，僵持不下，被南泉碰上了，南泉提起貓來，說：「你們講出一個道理來，這隻貓就有救，否則，我斬了牠。」大家默默無言，不知如何回答。南泉就斬了那隻貓。可憐的貓！

多無辜的貓！已經出家的和尚，理應四大皆空，結果卻無法斬斷物執，因為他們去除不了心中那份愛、那份嗜慾，結果冤死了他們所愛的那隻貓。

愛之，適足以害之，這樣的道理，我們都懂，但我們卻沉溺在不同的愛的方式裡，慢慢謀殺了所愛的對象而不自知。怕孩子冷、怕孩子熱，把孩子放在適溫的環境裡；怕孩子餓、怕孩子苦，給孩子最優渥的衣食；我還看見有人怕孩子在學校裡受到不正常的教育方式，把孩子留在身邊自己教育——這樣的教育就沒有盲點嗎？孩子的倫理中，除了父母兄弟，還該有師生友伴，還該有好人壞人，不相干的人。

我們都以為這是愛。我們都說：愛，錯了嗎？

錯了！我們卻不一定自覺。

南泉藉斬貓來破除兩堂和尚的物執，誰的心中會有南泉來斬除我們愛的迷執呢？

真的不容易呀！南泉為了和尚能破法執，卻又不免犧牲了一隻貓的性命，他也陷入了一個一定要讓和尚去幻識真的執著吧！——而我們，一千一百五十年以後的我們，卻為歷史上的那隻貓惋惜牠的生命，這樣的迷執，倒真是斬也斬不完哪！

——原載一九九三年十月十五日《自由時報》

佛與牛糞

佛印心中想的是佛，
所以，他看什麼都像佛；
哥哥你心中一堆牛糞，
所以，你看別人就像牛糞！

如果你能夠自己決定：成為歷史上的文學家，你願意是哪一位？
屈原嗎？忠而被謗的滋味，與冤屈同沉汨羅江的感覺，那是自沉大江的一顆石

頭啊！

杜甫如何？杜甫光芒萬丈長，在詩史上無與倫比，那就杜甫吧！可是他自己被水所困，餓了好幾天卻又死於飽撐，不是愉快的經驗啊！

李後主呢？總算是總統了吧！然而，辭廟倉皇，恐怕也嚇跑了所有的歡樂！詩人是不幸的，很多人不願意自己成為文學創作者，更不願意自己的親人成為煮字療飢的人。

但是，如果一定要選一位做為自己生活的理想模式，很多人會選蘇東坡，他不是皇帝，官運不亨通，文學地位也非最崇高者，但我們總覺得他有一種曠達的胸懷，可以涵融坎坷命運中的不幸，化解迎面而來、無可排除的苦難。可見，在生命的安排裡，高官厚爵，不是一般人所嚮往的，位崇名顯，又如何呢？如果我們面對生命無可如何。

東坡的曠達，來自於生活的歷練，也來自於禪學的體悟吧！我們若能循著蘇東坡與禪的故事去尋思，即使只是短短的一則，或許也能改變我們的一生，何況，東坡留下了許多趣譚，都很值得我們拿來省思自己。

東坡最要好的佛教界朋友，大約是佛印和尚吧！佛印和尚當時在鎮江金山寺，兩人時常論禪說道，每次佛印都略占上風，東坡自然不服，總希望什麼時候也可以扳回一城，贏他一次。

這一天，佛印與東坡一同參禪靜坐，時間過了一炷香時刻，東坡覺得俗慮盡消，通身舒泰，他問佛印：「禪師，此刻你看我像什麼？」佛印微啟雙眼，說：「學士坐相莊嚴，就像一尊佛。」東坡心中充滿歡喜。這時，佛印順口也問東坡：「學士，那你看我又如何？」想不到東坡卻笑著說：「很像一堆牛糞。」佛印笑一笑，沒說什麼。

得意洋洋的東坡回到家來，很快樂的將這件事分享家人，我像佛、佛印像牛糞，終於有了勝過佛印的機會。可是，蘇小妹卻不這樣想，她說：「佛印心中想的是佛，所以，他看什麼都像佛；哥哥你心中一堆牛糞，所以，你看別人就像牛糞！哥哥何曾勝過佛印禪師！」

我們在心中到底存放著什麼？一堆牛糞、一枝鮮花，還是一彎彩虹？

我們要讓我們的心流過什麼樣的清泉？
原來這都是我們可以主動孕生的啊！

——原載一九九三年十月二十二日《自由時報》

悟境之後的悟境

海水豈可斗量，
悟境哪能算斤兩！
悟境之後，顯然還有無數個悟境啊！

禪悟的境界，會是什麼樣的一種廓然無邊，中天月圓，恐怕都不是我們紅塵俗世裡的心所能領會。即使悟了以後，也不一定能一語道盡；他能一語道盡，浮世眾生也未必能一言「警」醒。

我們常聽人提及：佛曰不可說不可說，老子亦云「道可道，非常道」，詩家講究「味在鹹酸之外」，言語的極限在哪裡？生命中原來就會有連舒伯特都無言以對的時候，何況是蠢唇笨舌，僵硬的文字！

因此，當青原行思禪師說：

參禪前，看山是山，看水是水；
參禪時，看山不是山，看水不是水；
參禪後，看山仍是山，看水仍是水。

我想那是一種經由徹底否定之後的肯定，大破之後的大立。孫逸仙的革命，非常的破壞之後再繼之以非常的建設；紀弦的現代詩運動，揚言要橫的移植，結果他的創作似乎又回到縱的繼承，不過，這時候的繼承已經不是原來孝子式的繼承、一成不變的繼承。所以，參禪後，雖然回復為看山仍是山，看水仍是水，山與水或許不變，看的境界卻有了不同。

是不是每個參禪者都會經歷這樣的三個階段？誰又能清楚劃分這樣的三個階程？會不會有人又生出一個新的階級，說「看山似水，看水似山」，就像詩人說的：「山是凝固的波浪」，而波浪豈不成為液態的山嶽！或者將山與水泯然合一而又判然兩分，物與我兩忘而又突然「驚」醒！也足令人深思。

研究莊子、韓非子都卓然有成的王邦雄教授，他以類似青原行思「非山是山」的三階論法，拿來討論夫妻相處之道，卻又形成另一個有趣的新義，他說：

本來，先生是先生，太太是太太，先生做先生，太太做太太，這是第一層；再來則先生不只是先生，太太不只是太太，先生跳開自己，看到太太，太太跳開自己，看到先生，這樣，先生帶動太太，太太支持先生，這是第二層；最後，先生更是先生，太太更是太太，兩人都成長，都更上一層，屬於兩個人的美，才算完成，兩人共同擁有也共同分享，此之謂完美。

這樣的三部曲，王教授是以莊子的「因是」、「兩行」、「共是」為分段點，更見佳妙！

蘇東坡以詩人的身分也曾記錄他參禪的三個進階，在意象與意象之間，自然有值得我們揣摩的地方：

橫看成嶺側成峰，
遠近高低各不同；
不識廬山真面目，
只緣身在此山中。

——〈題西林壁〉

這是「待悟」的第一階，我想認識真面目。

廬山煙雨浙江潮，
未到千般恨不消；

及至歸來無一事，
廬山煙雨浙江潮。

——〈觀潮〉

這是「及悟」的進一階，世事了然，原來如此。

溪聲盡是廣長舌，
山色無非清淨身；
夜來八萬四千偈，
他日如何舉似人？

——〈贈東林常總長老〉

這是「悟出」之境，不可旁騖也無法他求。

一般都以為寫這三首詩時，東坡禪學悟境已經很高了。後來，他有心問玉泉寺「承皓禪師」禪悟境界如何時，禪師反問他名姓，他戲言：「我姓秤，稱天下長老有多重的秤。」承皓禪師大喝一聲：「這一喝，有多重？」你稱吧！四兩還是千斤？東坡當下一驚，海水豈可斗量，悟境哪能算斤兩！悟境之後，顯然還有無數個悟境啊！

這樣的三首詩，我偏愛「**廬山煙雨浙江潮**」，不論是怎樣的四兩千斤，萬水千山，「**及至歸來無一事**」，只不過是大自然在那兒靜靜演出而已。大千悲喜，無啥代誌（大事）。

——原載一九九三年十月二十九日《自由時報》

屁是小小的一陣風

為什麼人家當前小小一撩撥，自己就生了氣？
人家輕輕淡淡說你放屁，
你就重重濁濁生了氣？

修養的境界，哪裡才是最高階呢？

唐朝平民宰相婁師德，人家吐口水在臉上，他認為不可拭去，要讓它自乾。不過，這是他的說詞，並不是他有唾面自乾的行動。如果真有人吐口水在他的臉上，他真能任其自乾而不生氣嗎？事情沒發生，誰也不知道會有什麼樣的反應。

如果有人打你右臉，又該如何？《馬太福音》第五章第三十九節，耶穌基督說：**「有人打你的右臉，連左臉也轉過來由他打。」**第四十四節：**「要愛你們的仇敵，為那逼迫你們的禱告。」**誰能忍這樣的大辱，發揮這樣的大愛？聖經上也找不到可以實證的例子啊！

研究佛理的人都知道，人身是由四大（地、水、火、風四要素）、五蘊（色、受、想、行、識）假合形成，而且，四大皆空，五蘊非有，人的這一身皮囊只不過是暫時「假借」而已，不用多久，又「轉注」為空了！即使知道真相如此，就可以事事看破嗎？恐怕也不容易，再以蘇東坡為例吧！蘇東坡走進佛印的禪房，準備聽他說法，可惜到遲了，沒有座位，佛印說：「抱歉了，沒有你可以坐的地方了！」蘇東坡心想：人身既是四大、五蘊假合而成，四大皆空，五蘊非有，那我借佛印的身子坐坐，看他怎麼說？所以他就朗聲答道：「那我就借禪師的四大五蘊之身為座吧！」當時在座的人可能都為佛印擔心，斷無借身體給東坡坐的道理，哪有坐在和尚身上聽法的？但是五蘊非有，四大皆空，坐坐又何妨？

佛印陷入兩難了吧！

沒想到佛印卻說：「你能回答我一個問題，我的身體就是你的座位；否則，你就留下你的玉腰帶，如何？」

東坡自恃才高，當然答應了。

佛印的問題很簡單：「四大皆空，五蘊非有，學士，你坐哪裡？」東坡一聽，自己明明白白知道四大皆空五蘊非有，就是要看佛印借不借這不屬於他、暫時假合的肉體，豈料佛印簡簡單單「你坐哪裡？」就讓他啞口無言。——是不是在我們思考的理路上都有這樣的一個盲點？

——我們修養的心路上會不會也有這樣的一個盲點？

前此，蘇東坡就曾認為自己心性的修養可以達到「八風吹不動」的地步，所以寫了一首偈，派人送給江的另一邊金山寺的佛印和尚鑒賞，偈云：「稽首天中天，毫光照大千，八風吹不動，端坐紫金蓮。」佛印看了，什麼也沒說，只在詩後寫了兩個字「放屁」，就差原來送詩的童子將詩送回來。送詩的童子一回來，東坡趕緊問他：「禪師怎麼說？」童子說：「他沒說什麼，不過，在詩箋上寫了兩個字，我認得，好像是『放屁』。」童子把詩箋呈遞上去，東坡一看，立刻雇了船渡江找佛印理論。

到了金山寺，佛印不在，禪房門口留了十個字：「八風吹不動，一屁打過江。」東坡立刻覺醒了，所謂八風是指：利（得可意事）、衰（失可意事）、毀（背後挑撥）、譽（背後讚美）、稱（當前讚美）、譏（當前挑撥）、苦（逼迫身心）、樂（悅適心意），四順四違，能動物情，所以叫八風。既然自己以為八風撼不動我的心，為什麼人家當前小小一撩撥，自己就生了氣？人家輕輕淡淡說你放屁，你就重重濁濁生了氣？

東坡及時發現了自己的盲點。我們發現自己的盲點了嗎？連東坡都有修養上的盲點，我們在八風熾盛的年歲，怎能不注意什麼時候又起風了！

——原載一九九三年十一月五日《自由時報》

酒令裡的禪機

想像一個胖胖的和尚，在大家驚愕的眼神中，
頂著艙板出來的模樣，
禪師活潑，
禪機也活潑啊！

酒是五糧液，朋友請我喝「五糧液」這種酒，我心中有著一份驚奇，酒不是來自穀物，就是來自果物，穀物、果物都可以飽人，釀成酒以後，卻可以醉人、眩

人。到底那「釀」的力量怎麼來的？

喝「五糧液」的這些日子，我正在看蘇東坡與佛印的故事，這些故事，行酒令往往是重要的一環。既是行酒令，當然要喝酒。這樣看來，佛印是喝酒的。酒是五糧液，不用殺生，或許有人能接受這個事實，不必去考究這些故事的真實性到底如何。

至少，我發現，行酒令的故事中，東坡與佛印是平等的，互有輸贏的。敞開胸懷喝酒，不必動腦、不必唸佛，純任心與心去交流，也是對話的一種方式，不計輸贏，只求盡興，未嘗不是另一種禪意。行酒令的過程中，往往是三個或三個以上的朋友共同進行，是不是因為這樣而減少了尖銳對立，不必去分誰又勝過了誰？酒，彷彿可以泯除一些奔競之心。

最簡單的一次行酒令，說個數字，吃一片肉。蘇東坡、黃山谷和佛印一起餐飲，盤中只剩三片肉，誰吃呢？東坡建議行數字令，兩句五言詩，首句要與數字相關，第二句則一面說一面配合動作。

東坡先示範：「二八一十六，且吃一片肉。」

山谷緊接在後：「二九一十八，兩片一齊夾。」說完，兩片肉一起夾進嘴裡，盤子裡什麼都沒有，佛印拿起醋碟子，說：「貧僧不識數，且吃一碟醋。」佛印的豁達和機智，從這裡可以看出來，盤子裡已經沒有肉了，再說數字又有什麼意義，何不調侃自己「貧僧不識數」，有「數」卻無「數」，也富玄機。

第二次，黃山谷換成蘇小妹，東坡、小妹和佛印在「清和橋」畔飲酒賞月，三人相約以拆字合字法，說出貼合自己身分的詩，字以「清和橋」為限，佛印先行，他以「清」字拆合：「有水是清，無水也是青，除去清邊水，加爭便成靜，清靜福，誰不愛，吃盡幾多香菇木耳芥藍菜。」正是釋子的寫照。

東坡則以「和」字拆合：「有口是和，無口也是禾，除去和邊口，加斗便成科，登科第，誰不愛，吃盡幾多羊羔美酒，賽過你的香菇木耳芥藍菜。」這也是士子的心聲吧！蘇小妹只剩「橋」字可以拆合，她則道出女子的自負：「有木是橋，無木也是喬，除去橋邊木，加女便成嬌，伴嬌眠，誰不愛，賽過你的羊羔美酒，香菇木耳芥藍菜。」這樣的行酒令，唸起來就有歡悅的感覺。

另外一次，東坡邀約了蘇門四學士的秦少游、黃山谷，師徒同遊。這次的酒令要以「開、來、哉」為韻，而且後兩句必有所本。

山谷出令：「浮雲推開，明月出來，天何言哉！天何言哉！」東坡接腔：「浮萍推開，游魚出來，得其所哉！得其所哉！」少游續言：「游船推開，酒拿出來，夫何為哉！夫何為哉！」這時，佛印突然從船艙裡頂開艙板，說：「艙板推開，佛印出來，人焉廋哉！人焉廋哉！」四人捧腹大笑，師生友朋相互取樂，人生快事，不過如此！

想像一個胖胖的和尚，在大家驚愕的眼神中，頂著艙板出來的模樣，禪師活潑，禪機也活潑啊！

——原載一九九三年十一月十二日《自由時報》

一絲不掛卻煙霧四起

嘴裡說一絲不掛，心中真能一絲不掛？
回頭一看，
又繫一絲了！

報紙上每天都有許多誘人減肥的廣告，廣告上都有一幀誘人的美女照片，好像在說：只要你來，你也可以像她一樣成為模特兒、影歌星、中國小姐。報紙上也有許多動人的氣功廣告，一天只要十分鐘，你也可以像報紙上的師父一樣，七十歲像

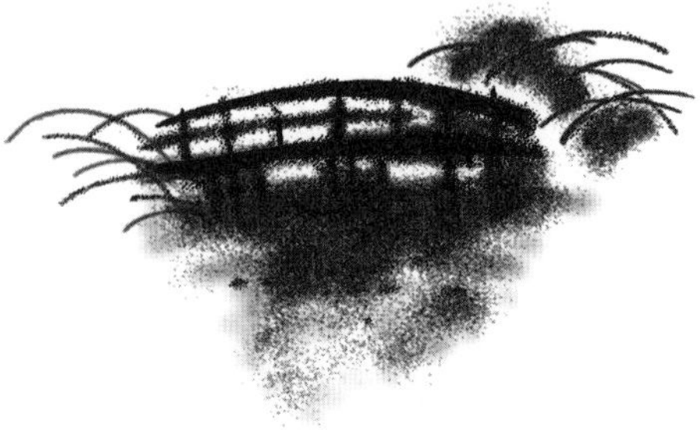

四十歲，四十歲像生龍活虎。

減肥是否有效、氣功是否有用，我們無法舉證，但至少我們可以確定一點：美女，多少有些麗質是天生，氣功師父，則不知從小練功已經練了多少年，才有他們今天的成就，不論我們如何追蹤、勤練，我們是不可能達到他們那種「境界」的。我的意思不是說我們無法青出於藍，而是說：人的心中常會有一個假象，以為自己吃了這種藥、練了這種功，也會成為模特兒式的美女、力士，圖畫中的人會與自己合而為一。

有些人拜了師、學了禪，就以為自己也可以像老師那樣悟道，吃了齋、禮了佛，就以為自己道德修養高人一等，真是這樣嗎？蘇東坡自認可以「八風吹不動」，哪知佛印輕輕淡淡兩個字「放屁」，東坡就動了氣！日本有位鐵舟和尚也曾經以為自己早已悟了道，拜見相國寺獨園和尚時，大談：「心空，佛空，眾生亦空，無悟無迷，無聖無凡，無施無受。」好像看透了一切現象界的空，泯除了萬有的兩極對立，聖凡不異，悟迷皆空。獨園和尚卻不發一語，突然舉起菸管當頭就打，這位年輕的禪師鐵舟和尚卻惱怒大吼：「打我幹麼！」獨園反問他：「不是一切都空了嗎？哪來這麼大的脾氣！」

說一句四大皆空，無掛無礙，誰不會呢？但是不要真以為自己就已經四大皆空無掛無礙了！

唐朝南泉普願禪師遇到大夫陸亘，陸亘說：「佛法妙諦，我多少知道一些了。」南泉說：「大夫一天裡都做些什麼？」陸亘說：「寸絲不掛。」南泉說：「還是階下漢。」寸縷不掛，豈是口頭說說而已。

稍後的雪峰義存禪師與溫州尼玄機相見，雪峰請教玄機名號，溫州尼說：「玄機。」雪峰說：「玄機玄機，玄妙之機，一天能織多少？」玄機也以「寸絲不掛」回答，機鋒相對，十分絕妙。

正當玄機得意轉身離去，雪峰突然說：「袈裟角拖地了！」玄機急忙回頭察看，雪峰又說：「不是寸絲不掛嗎？」

「無弦琴——打一成語」。很多人會想起陶淵明那可愛的老頭，他蓄素琴一床，沒有弦，沒有徽，朋友酒會時，他也會撫琴而和之，說：「但識琴中趣，何勞弦上聲。」他心底的琴中趣到底如何，如何會解，倒也值得推之敲之。不過，這裡問的只是「無弦琴」，猜猜謎而已。——謎底就是「一絲不掛」，直截了當。只是嘴裡說一絲不掛，心中真能一絲不掛？回頭一看，又繫一絲了！

南宋張九成，自號無垢居士，他去參見喜禪師時說：「打死心頭火，特來參喜禪」，禪師戲云：「緣何起得早，妻被別人眠？」男人最不能忍受的是妻與別人眠，張九成心中火大了：「無明真禿子，焉敢發此言？」喜禪師這才笑著說：「輕輕一撲扇，爐內又起煙。」

屁是一陣小小的風，煙是一記無名的火。關於修養，我們才剛剛撇了一撇而已，心中煙霧四起。

——原載一九九三年十一月十九日《自由時報》

雛菊的尊嚴

我們欽佩抱女過橋的禪師，
我們也欣賞盡情歡飲，把歌妓當做常人的明道先生。

十一月十四日清晨，太陽剛剛露出額頭，「反雛妓華西街慢跑」活動就在這時候展開了！臺北縣市兩路人馬一萬多人的壯觀隊伍，跑過華西街暗巷，反雛妓、救雛妓的聲浪一波波湧過街頭巷尾。

老鴇、人口販子，是不是因此被震醒良心了？

怕的是：不嫖妓的人在慢跑，嫖妓的人卻在城裡的某個角落呼呼大睡。

我們都很清楚，拯救雛妓，「慢跑活動」只能引起大家的關注而已，重要的是如何從教育著手，如何從立法懲治，老師、立法委員、行政工作者，以及對「生命」有著基本關愛的任何一顆心，積極尋求根本解決的辦法，才是正途。

如果你面前就是一個妓女，你又會如何？不屑的眼神，調侃的語氣，或者凜然不可犯的偉岸樣子？問這樣的一個問題，其實只是在促使每一顆關愛生命的心反省自己：是不是真的在關愛生命、尊重生命，或者只是在人多的地方「秀」一下自己？

日本有兩位禪師結伴雲遊各地，有一次，下過一陣大雨，溪水暴漲，他們來到橋木濕滑的橋頭邊，一位身穿華麗衣衫的小姐正在那兒徘徊，要過橋，卻怕橋木濕滑，弄髒了衣衫，跌倒了身軀，不知如何是好，她看見兩位禪師過來，忙央求師父幫忙，一位禪師說：「使不得啊！我們出家人戒女色啊！」

另一位禪師二話不說，抱著這位小姐過了橋，然後繼續趕路，走了差不多三里路，第一位禪師忍不住跟第二位抱怨：「我們出家人不可以近女色的，你剛才怎麼可以抱那位小姐過溪？」

第二位禪師說：「我早就把她放下了，你怎麼一直抱著她？」

對一個慈悲為懷的人來說，心中看到的只是一個需要幫助的人，是男是女、是老是少，實在不必區分。否則，持戒成功，卻看到一個生命受苦，那又有什麼意義！

北宋理學家程顥、程頤，也曾有一次類似的掙扎，程顥為人寬厚，絳帳多春風，人稱明道先生；程頤則律己甚嚴，待人多秋氣，世稱伊川先生。有一次，兩人聯袂參加宴會，座中有藝妓相陪，程頤當場拂袖而去，程顥則飲酒歡唱，直到終席。第二天，程頤還怒氣沖沖，走到程顥的書房責備他。程顥說：「昨日座中有妓，我心中無妓；今日書房無妓，你卻心中有妓。」

心中時時叨唸著：不可以這樣，不可以那樣的人，為什麼不能放下心中千百個牽掛，去做你認為該做的事？我們欽佩抱女過橋的禪師，我們也欣賞盡情歡飲，把歌妓當做常人的明道先生。因此，關於雛妓的救援活動，已經有人改稱雛菊之愛了。雛菊，我們受難的姊妹。能這樣想，我們就不會自以為尊貴，任何生命都不會是卑汙的了！

——原載一九九三年十一月二十六日《自由時報》

心是活的

平其心，論天下之事。
潛其心，觀天下之理。
定其心，應天下之變。

校長找了幾位國文老師共同研商：如何提振北一女讀書風氣，不要讓孩子迷失在電子聲光中。我的同事們一個個熱切提供自己承辦讀書會的經驗，小小的座談會充滿了鬥志與希望。

跟著大夥兒興奮的聲音，我的心也活了起來；對呀！為什麼我們師生不可一起來做一件有意義的事！我們大家一起思考選什麼樣的書，用什麼樣的方法，如何推廣？趁著大家斟酌一本兩本、詩集散文的空檔，我游目四顧，卻被校長座位後面牆壁上的五句話吸引住了：

大其心，容天下之物。
虛其心，受天下之善。
平其心，論天下之事。
潛其心，觀天下之理。
定其心，應天下之變。

很快，我就將這五個排比句背下來了，排比重複的部分不記，只說「平心論事，潛心觀理，定心應變」不是快了很多嗎？當然，這五個句子都以「天下」為努力的目標，眼界自然大了起來，胸懷自然開闊不少。做為一個校長，不能只看眼前、校內事；做為一個老師，不能只顧今日、班級情，「天下」！要推廣到天下去思考！我們要為多變的天下培養什麼樣的人才？我們要如何教孩子虛心、平心，以受天下之善，論天下之事，擔天下之大任？

這時，我也在想：一顆心，如何又要能大，又要能虛，又要能定？當心沉潛時，如何又能恢宏而大？

心可以同時平之、潛之、定之嗎？

我想起賣小點心的老婆婆的話：「你點的是哪個心？」

「北漸」、「南頓」，在神秀、慧能之後，禪學修習有這兩種不同的區分，德山禪師是北漸派的修習者，對《金剛經》下過苦功，詳細加以注疏，完成《青龍疏鈔》一書，他對南方禪者頓悟可以成佛，感到懷疑，帶著他的《青龍疏鈔》南下，希望能以自己花費相當大的功力才精研出來的書，證明禪修豈能一頓而悟！

到達南方以後，他在一間小店休息，準備買個點心果腹，賣點心的老婆婆問他：「讀著什麼經啊？」他說：「《金剛經》。」老婆婆說：「《金剛經》裡有這幾句話：『過去心不可得，現在心不可得，未來心不可得。』請問禪師你點的是哪個心？」

德山禪師一愕，一個賣點心的老婆婆就讓他驚醒了，南派頓悟之說，不無道理呀！

過去心是這顆心，未來心是這顆心，要大要虛，要潛要定的，也是這顆心。原來，心是活的，心是非實有的，所以，我們才能將養他，萬變他，肆應他，讓他肆應天下萬事萬物。

——原載一九九三年十二月三日《自由時報》

萬法歸一・一歸何處

易經將萬象歸藏於卦象，
卦象六十四不是又歸藏於
陽爻的一之横、陰爻的一之斷嗎？

如果一個人繞著你走三圈，要你說出一句話，你會說什麼？
「你使我頭暈！」容易暈眩的我一定會這樣回答。
「三民主義。」正準備大學聯考的我的學生有氣無力的說。

有梟雄氣概、又有悲涼心境的曹孟德，說不定就這樣吟誦：

「繞樹三匝，無枝可依。」

那些在臺北市開著車，大街小巷穿梭，找不到停車位的人，也會說：「我贊同曹操。」

現在，坐在那裡的人是金華山俱胝和尚，繞著他走三圈的是一位遠來的女尼，和尚會說什麼呢？和尚迷惑了，俱胝和尚只覺得其中好像說著什麼禪機，可是他聽不到天地間那個稀微的聲音，一個人繞著你走三圈，透露著什麼消息？

女尼是真的走了，可是女尼卻也一直在他身旁繞著、繞著，好像那不絕的餘音綿綿密密。

直到天龍和尚來訪，豎起一根食指，俱胝終於徹悟了，這不就是「萬法歸一」嗎？萬事萬物萬理萬象，環繞在我們四周，不是由我們的心篤定統攝嗎？如果我們的心跟著一切事物轉，那就是迷與眩了；如果讓一切事物明映在心，心外無境，境外不起心，那不就是定於一了嗎？

我喜歡萬法歸一的那種感覺。萬象統攝於心，「一性圓通一切性，一法遍含一切法。」彷彿自己的心可以含容萬物，這種感覺不是踏實而美妙嗎？

易經將萬象歸藏於卦象，卦象六十四不是又歸藏於陽爻的一之橫、陰爻的一之斷嗎？

千江有水，千江有月，而天上的月只一個啊！

什麼是佛？什麼是禪？從此以後，只要有人問起佛法大要，俱胝和尚就會微微一笑，豎起一指。

俱胝門下的童子，常常看到師父被人問到佛法要旨，就豎起一指，所以，當師父不在，別人問起佛法時，他也舉起一根食指不語，人不語，食指亦不語。大家都以為這位童子也領悟了佛法。

有一天，和尚把小童子叫了過去，問他：「如何是佛法？」

小童子很自然地就豎起一指，俱胝突然揮起一刀削了過去，童子一痛，往外就走。走不到幾步，突然俱胝又大喝一聲：「童子！」

童子回頭，俱胝說：「什麼是佛法？」

小童子不自覺地又豎起他那根食指，可是，低頭一看，指頭不見了，小童子霍然大悟，萬法歸於一，一也是空的呀！

——原載一九九三年十二月十日《自由時報》

各人吃飯各人飽

不是自己吃的食物都不會成為自己的營養，
不是自己領悟到的都不是禪。

「好久不見了，最近生活怎樣了？」
朋友相見總是這樣問候。
「忙啊！忙得連上廁所都要自己去。」
我這樣回答。朋友有的飽我一拳，有的回我一笑。不是嗎？再忙，再偉大，即

使貴為一國之尊，上廁所也是要自己去啊！

唐朝趙州從諗禪師，坐在平日參禪的位置上，與信徒談禪說道，其中有人鄭重其事問他：「禪師，請教您是如何悟道的？」

只見趙州禪師從座位彈跳起來：「對不起，對不起，我上廁所去。」走沒幾步，他又踅回來：「真麻煩，像小便這樣的小事，都要自己做，別人代替不了我。」

禪師的意思很清楚，連上廁所都要自己去，何況是悟道這樣的大事！

朋友的孩子長了水痘，一直喊癢，做父母的只能這裡為她撫撫，那裡幫她按按，分散她的注意，卻不能分擔她皮膚最表面的那一層癢。

我爸爸從小學就開始抽菸，晚年常常咳嗽，每次他咳嗽，我都跟他說：「爸，你吃菸，我不能替你咳！」親如父子也無法替他多喘一口氣，一口不需要花錢的氣。

宋代大慧宗杲禪師，其門下有兩位和尚道謙與宗圓私交不錯，道謙接奉師父指令，要出門六個月，他覺得出門辦事，參禪工作可能就會中斷，十分憂心，宗圓說：「我陪你去，出門辦事，在路上仍然不能放棄參禪呀！」因此，兩人同行。途中，道謙跟宗圓提到參禪多年，自己卻無法體會禪的美妙、禪的奧祕之境，他請求宗圓能協助他。

宗圓說：「我竭盡所能幫助你，但有五件事，我是一點都無法幫助你的，這五件事你必須親自處理。」

哪五件？

宗圓說：「口渴，我不能替你喝水；腹飢，我不能替你吃飯；小便，我不能替你去；大便，你必須自己上；走路，我的腿不能替你走，一步都不行。」他的話才說完，道謙心中不自覺震了一震，若有所悟，彷彿籠中鳥飛進天空中，一下子萬物都退成地平線。宗圓看他喜悅自得的樣子，說：「我的工已經做好了，我要回去了，你繼續向前行吧！」

半年後，道謙回來，大慧禪師一看：「這人脫胎換骨了！」

因為他知道：廁所要自己上了！

「無門關」公案中有無門禪師的頌語：

路逢劍客須呈，
不遇詩人莫獻。
逢人且說三分，
未可全施一片。

前兩句是說：寶劍贈英雄，紅粉送佳人。遇到知音才為他唱上一曲，路逢劍客須呈劍，不遇詩人莫獻詩。後兩句則是幫助別人自悟，不可太急切，逢人且說三分話，留七分讓他自己體會，未可全施一片心，否則愈幫愈忙，愈陷愈深，愛他反而變成害他。

各人生死各人了，每個人都要自己體會生命，自己安排人生。不是自己吃的食物都不會成為自己的營養，不是自己領悟到的都不是禪。

「好久不見，最近忙些什麼？」

朋友總是這樣問候。

「忙著找自己的空閒時間呀！」

朋友有的會飽我一拳，有的會回我一笑。

——原載一九九三年十二月十三日《榮光周刊》

通過地獄看天堂

不曾在水中掙扎過的人，
如何了解
能順暢呼吸就是一種天堂的感覺？

在一次家族的聚會中，大家都談到子侄輩的某一位，他到日本求學，住居在寄宿家庭中，希望能藉著與日本家庭共同生活的緊密接觸，多學一點真正的日本話。不過，他第一次借宿的家庭（或許因為貧窮）對他稍嫌刻薄，三餐都難得溫飽，在

人家的屋簷底下，他咬緊牙根，度過了一段時日。因為這段經歷，我們都覺得他成長了不少，懂事了很多，在相同年紀的兄弟姊妹中，顯然有著不同於眾的成熟味道。

以往，他或許以為生活中的一切都是理所當然，本來就該具備的，一個事業成功的父親，一個呵護備至的母親，住就住在廣廈裡，需要時還有司機接送，小小的年紀就到美國讀書。——人生，不就該要這樣嗎？幾曾體會生活中的苦難與折磨！一趟日本之旅，卻讓他嘗受到人生另有苦寒、欠缺、拘束、挫辱。通過「地獄」，他認識了「天堂」，原來自己一直生活在天堂裡。

我們不一定了解自己也生活在天堂裡。

曾經有人問禪師：「天堂真的存在嗎？」禪師要他去提一桶水來，專心看著桶裡的水，就可以看到天堂與地獄的真面貌了。

他真的提了水來，全神貫注地注視著水，冷不防，禪師一頭將他按在水裡，他掙扎、喘氣、揮手，痛苦地嗚嗚大叫，「看到了嗎？看到地獄了嗎？」禪師毫不鬆手，緊問著他：「看到了嗎？看到地獄了嗎？」

當禪師將他從水中提拉起來，整張臉已經脹得紅紫，大口大口喘著氣，「看到地獄了吧！」

等他氣息稍微平緩，禪師又問他：「怎麼樣？現在覺得怎麼樣？」

「呼吸順暢，真的好舒服喔！好像從地獄繞到天堂一般。」

不曾在水中掙扎過的人，如何了解能順暢呼吸就是一種天堂的感覺？我們不一定了解自己也生活在天堂裡，時時在空氣中，我們一直習焉而不察。

惟有通過水，我們才體驗到空氣的重要。

通過地獄，才能認識天堂。

所以，孟子說：「苦其心志，勞其筋骨、餓其體膚、空乏其身，行拂亂其所為。」惟有這樣，才能「動心忍性，曾益其所不能」。

天堂，原來是這樣平常。

——原載一九九四年一月七日《自由時報》

隨聲逐色，何時了結？

這天下的聲聲色色、鶯鶯燕燕何其多，
我們到底要追哪一聲、
尋哪一色？

我們一直以為孟子是一個以義為尚、強悍而行的人，讀到孟子說「禹、稷、顏回同道」時，我們可能會有些改觀。禹與稷面對承平有道的時代，夏禹只要想到天下有人溺在水中，就好像我害了他，使他溺在水中；后稷想到天下有人飢餓，他也

以為這是我害了他，使他無法吃飽，所以他們都急急忙忙為救世而奔波，夏禹甚至於三過家門而不入，孔子稱揚他們。顏回的時代，衰亂無道，所以他不出來當官，住在陋巷裡，一簞食，一瓢飲，人不堪其憂，顏回則能不改其樂，孔子也稱許他。——孟子以為：禹、稷、顏子易地則皆然。換句話說，顏回面對太平盛世，執政當官時，他也會一頭栽入救世的行列，為國而憂，為民而愁！

孟子說了一個很好的比喻：「今有同室之人鬥者，救之，雖被髮纓冠而救之可也；鄉鄰有鬥者，被髮纓冠而往救之，則惑也，雖閉戶可也。」

人不能執守一個方法而不知變通啊！

從A點到B點，除了一根直線之外，我們可以畫出數以千計的連接線，不同的連接法有不同的情趣。

昨天，我從臺北火車站搭計程車回敦化南路，車子從鄭州街開始，只遇到兩個紅綠燈，因為司機先生是沿著鐵道的一條小路，只容許一輛車擦身而過的小路，一路開回來，這是我從未經過的奇徑，是A點到B點間，新的連接線。

因此，當我讀到黃龍慧南禪師教誨兩個僧人的故事時，我可以發出會心的微笑。

黃龍禪師曾對一個跟他學習的小和尚說：「百千三昧，無量法門，化成一句話，我告訴你，你相信嗎？」小和尚說：「怎會不信？」黃龍指指左邊：「來，來這裡。」小和尚走了幾步，師父卻大喝一聲：「隨聲逐色，何時了結？」趕他出去。

天下學問何其大，如何可以化成一句話，即使化成一句話，也非自己親身體會而來，如何能久長？面對老師，依然要有隨事而疑，獨立自主的想法吧！

另外一位小和尚聽說了這件事，他也走進師父的禪房，黃龍禪師將前面的話也說了一遍，小和尚乖巧地回答：「師父教誨之言，弟子如何不信？」黃龍指指身旁：「來，來這裡，我跟你說。」這個小和尚卻原地站著，動也不動一動，黃龍大喝一聲：「你來向我學習，卻不聽我的話。」也趕他出去。

黃龍禪師否定一切，這也不對，那也不對，只不過是要學僧找出自己的路，就像禹、稷、顏子走自己的路一樣。這天下的聲聲色色、鶯鶯燕燕何其多，我們到底要追哪一聲、尋哪一色？

——原載一九九四年一月十四日《自由時報》

悟境是一條虛線

我們領悟了石子的道理，
還要領悟沙子的道理、水的道理、
米的道理、飯的道理……

前兩年太太到大陸遊覽庭園，每天我帶孩子巷口巷尾吃館子，吃久也膩了，「來，爸爸煮飯給你們吃。」煮飯實在不容易，首先要找到「米」，我真的找了二十幾分鐘才找到我們家的米躲在哪裡。數十年來，我的印象裡，米是放在米缸裡的，而米缸是圓的，這樣的印象不曾改變，哪知道這幾年我們家存米的地方已經改用方形的箱子了，怪不得我找了好久，就是沒注意到方形的壓克力米箱。

教學教到「並概青雲」，先要讓孩子了解「概」是什麼，要了解「概」，先要說明「斗」是什麼，「概」是平斗斛之器，如何「平斗斛」呢？孩子沒見過斗，沒見過如何以斗量米，真的無法了解「平斗斛」的「平」是如何平。這不能怪他們。現在人買米都是一袋一袋買回來的，再沒有人以斗量米了。

以前我們到碾米廠糴米，米廠的工人將斗放好（斗像現在的水桶，木製，直桶），再把米舀進去，舀得滿滿的，然後拿一根「概」（圓滾滾的木頭），從斗口「概」過去，平平整整，這就是一斗米。然而，這樣精確嗎？如果將斗輕輕搖晃幾下，米會陷落下去，再抓一把米放進去，以「概」將斗口「概平」，這也是一斗米，顯然，這一斗米要比剛才那一斗結實多了，重多了！如果再搖再晃，仍然可以再添再加，所以，什麼叫一斗米呢？據說，雲林地區要決定縣政府所在地，斗六人所量的一斗米重量是其他地區一斗六升的重量，因此拔得頭籌，同樣的斗，斗六人是不是搖得比別人更厲害、更扎實？這是一斗，那也是一斗，可以一「概」而論嗎？我們或許只能說：這只是「大概」吧！

到底，什麼叫一斗米？小時候，我就有這樣的疑惑，如果一直搖一直添，什麼情況叫做「滿」？會有「滿」的時候嗎？

無德禪師對一個以為自己已從師父那兒學到許多東西，準備告別師父再到他處求教的小和尚，說：「給我裝一盆滿滿的小石子來吧！」小和尚拿了盆子裝滿了小石子回來，「師父，滿了！」無德禪師抓起一把沙子往盆裡撒：「滿了嗎？」沙子順著小石子的間隙一直流淌下去，直到沙子蓋滿了整盆小石頭，無德禪師又問他：「滿了嗎？」小和尚看看沒隙縫了：「師父，這次真的滿了！」無德禪師隨手拿起一瓢水往盆裡澆，一面澆一面問：「真的滿了嗎？」水不斷地滲漉下去：「真的滿了嗎？」

小和尚愈看愈惶恐，「會有滿的時候嗎？」學問是沒有止境的，悟境也是沒有止境的呀！我們領悟了石子的道理，還要領悟沙子的道理、水的道理、米的道理、飯的道理……

悟境一直在地平線那頭引逗著我們。

——原載一九九四年一月二十九日《自由時報》

水到渠成，春來花開

每天，留一段空白，
讓自己的心可以在慌亂中歇息。
每週，留一段空白，
讓自己習得的知識有一個彈跳的空間。

距離大學聯考只有五個月了，有的學生開始憂慮了：該背的國文還沒背好，該理解的物理知識還沒弄清楚，每次複習考的範圍總是無法讀完，怎麼辦才好？有的

同學說：我每天熬夜到一兩點，一大早又奔赴學校，每天這樣孜孜矻矻，夜以繼日，為什麼仍然不能考好？

也許一般修行的人也有相同的困惑，每天吃齋、誦經，為什麼還不能開悟？每天工作辛勤、儲蓄持續，為什麼還不能致富？

我聽過一位禪師是這樣開示學徒的：他要求學徒將手中的葫蘆裝滿水，再將整盤鹽巴倒進去，看它如何融化就可以開悟了！

你要不要試試看，拿一杯裝滿水的玻璃杯，如何將鹽巴放進去，如何讓鹽巴在水中融化？

這個學徒真的將葫蘆灌滿了水，可是鹽巴卻不好放進去，一放下去，水就溢出來一些，放好了鹽拿筷子去攪，葫蘆口太小，怎麼攪也攪不開來，他只好回來稟告師父：「師父，我看不到鹽如何在水中融化！」

禪師默默地接過他手中的葫蘆，將葫蘆中的水倒了一些出來，再將鹽巴揉碎放進去，輕輕晃蕩幾下，水也不會溢出來，鹽卻開始融解在水中了。「看到了嗎？」禪師跟學徒說：「裝滿水的葫蘆，搖不得，攪不得，如何能融化鹽？學禪也是這樣，腦筋裡裝滿了一大堆佛啊法啊，轉都轉不得，如何能化、能悟？」

這個學徒又問：「那我不用功，留著好大的空間，是不是更能開悟？」

禪師說：「繃緊的弦會斷，鬆了的弦卻彈不出聲音來。」

不是這樣嗎？如果讓我們的心一直繞著「何時開悟」、「何時讀完」、「何時致富」這樣的問題打轉，不就陷入某種執著了嗎？執著於某一件事物，內心焦急，這時任何事物都無法進入脹滿而密閉的心中，連一個耙梳這件事物的空間都沒有，當然談不上去解、去化、去悟、去貫通！

所以，想都不要去想：「什麼時候讀完？」哪會有讀完的時候？想都不要去想：「何時開悟？」悟境之後還有悟境啊！

每天，留一段空白，讓自己的心可以在慌亂中歇息。

每週，留一段空白，讓自己習得的知識有一個彈跳的空間。

水到，渠會成。

春來，花會開。

——原載一九九四年一月二十八日《自由時報》

以生命的溫熱回應生命

柳下惠在空屋中，有女坐懷而不亂，
可敬的不是他的定力，
而是為女孩起火烘衣，
而以自己的體溫溫熱生命的世間愛。

隔個一週兩週，我就要漫步到東方書店附近，看看又出版了什麼新書，瀏覽、翻閱，或者購藏。一本一本的新書，真的可以用排山倒海來形容，如果兩次逛書店

間的距離拉得太長，好像就會被不曾看過的書所淹沒一樣。

書的內容真是愈來愈多樣了，有的書已經在教女孩子主動邀約男孩的方法了。女男如果真是平等，女孩子就不一定要坐等男孩來探詢，男孩也不一定要搶著先打電話、先付錢啊！我不喜歡「男孩女孩的戰爭」這種講法，說是「男孩女孩的對話」不是更好嗎？男孩與女孩真的需要心與心直接來對話。

我看到禪的故事裡有這麼一則大膽的喊話，說是有位尼姑長得十分令人動心，跟一群師兄弟學禪，很多人喜歡她，其中還有一位動了真情，寫了一封情書要跟她約會，不過，她也沒有特別回應。第二天，聽完禪師說法，她當著大家的面，跟寫信給她的師兄弟說：「如果你真的那麼愛我，現在就過來擁抱我吧！」也許有人會說這個女尼太大膽了，太令人難堪了，不過，我卻欣賞這樣的真，率直的真。比起那些在信裡面說：「我願意為妳赴湯蹈火，在所不辭。」卻不敢衝過圍籬、越過激流的人，可愛得多了！

空，不是無，不是死寂。《五燈會元》裡說起另一段公案：有位老太婆建了小茅舍供養了一位和尚，修行了二十年，平常飲食都由一位二八佳人送去給和尚，這天，老太婆吩咐她，送飯去時，抱住和尚，看他怎麼說，這個少女真的照吩咐抱住和尚，問他感覺如何，和尚不為所動，說：「枯木倚寒岩，三冬無暖意。」現代詩人非馬將這兩句譯成；「一棵老樹長在冬日冷硬的石頭上，沒有一絲溫熱。」少女回來跟老太婆一說，老太婆十分生氣：「二十年來，竟只供養了一個俗漢！」趕走和尚，放了一把火，燒了小茅舍。——也許，這才是三冬裡的一絲溫熱。

老太婆生氣的是：和尚可以心如止水，不起慾念，有如枯木倚寒岩，但不能對一個溫熱的生命毫無暖意的回應，不論什麼樣的酷冬總會有些暖意吧！放一把火燒茅舍，象徵人世間需要溫熱，否則，只顧修行，寒岩枯木，又有什麼意義？

柳下惠在空屋中，有女坐懷而不亂，可敬的不是他的定力，而是為女孩起火烘衣，以自己的體溫溫熱生命的世間愛。比起「思與鄉人處，如以朝衣朝冠坐於塗炭」的聖之清者伯夷，柳下惠溫潤可愛得多了。

清者讓他自清去吧！我們或許汙濁、笨拙、執著，總還有些生命的溫熱，生命的真。

——原載一九九四年二月四日《自由時報》

聽到鐘聲就披起袈裟

世界這麼遼闊，
為什麼你們一聽到鐘聲就披上袈裟？

禪師問：「世界這麼遼闊，為什麼你們一聽到鐘聲就披上袈裟？」
日常生活裡，我們有沒有注意到：有兩樣鈴聲一響，我們一定會放下手邊的工作，應召而至？電話與門鈴。電話與門鈴一響，十萬火急似的，我們就會飛奔過去接聽或探視。誰規定的呢？

朋友打電話來，我們不一定剛好閒著，就站在電話機旁邊，我們可能在炒菜，誤不得火候的；我們可能在洗澡，屋內也不好裸奔呀！一飯三吐哺，一沐三握髮，周公是為了接遇賢者，我們卻為了截止鈴聲而起，我想一定有人絆倒桌椅、濡濕地板、撞傷膝蓋、狼狽而出。這又是誰定的準則呢？我們遵行無誤。

如果從外面回來，家人說有你的電話，問是誰，又說沒有留下姓名，你會整個心神都在叨唸：到底是誰打來的，為了什麼事？因此而無法定靜下來做其他的事。心理學家做過實驗，搖一次鈴，給狗一塊肉；搖一次鈴，給狗一塊肉；如此重複三個月，狗已習知鈴響就有肉可吃，如果再搖鈴，卻無肉給牠，狗也會分泌唾液，這叫條件作用，制約反應。是不是我們也往往被自己的習慣、社會的習俗所制約而不自知？

我說：青山，你一定接：綠水？

我說：作家，你一定接：浪漫？

我說：高速公路，你一定接：堵車？

是否你也有這種刻板的印象？

過年，一定要回家嗎？大家一起離家到國外過年如何？過年，一定要回南部嗎？把父母接到臺北過年如何？過一個不一樣的年。

有人一聽到劉德華就很興奮，奉他為唯一的偶像，這樣，會不會失去欣賞張學友的機會？如果把劉德華換成一個黨的名字，一個宗教的名稱，失去的會不會更多？

聽到鐘聲，就披起袈裟，這期間沒有思考，沒有辨識，終究會淪為外在的形式，以為袈裟就是佛、就是善，就是一切；以為警徽就是正義的化身。往往我們會被外在的圖貌聲采所惑所迷，鐘聲、袈裟，可能就是使我們迷於其聲、惑於其色的障，我們因而無法看到世界的遼闊。

禪師說：

「世界這麼遼闊，為什麼你們一聽到鐘聲就披上袈裟？」

——原載一九九四年二月十八日《自由時報》

緣木求魚何如推窗問月

磨磚不能成鏡，
事理很簡單，我們一想就通了，
可是，苦修是否可以成佛，
恐怕很多人會陷在這個漩渦裡轉個沒完。

心裡不舒暢的時候，我們往往會望向遠天。
消極地嘆一口氣：「天啊！」多少可以紓解一些情緒上的不平。

積極地想到天地遼闊，更可以縱馳自己。

但是，我們絕不能想要掘地看天，不能企圖戴盆望天，這就背道而馳了！

有些事理很簡單，我們一想就可以知道那是不可能的，譬如「貪戾而求王」、「日醉而飭服」，每天喝得醉醺醺的人如何能整飭自己的服裝，貪婪乖戾的人又如何能成就他的企業王國？

馬祖道一禪師未悟道前，曾在南岳山築庵修行，每日枯坐苦修，閉起門來潛心向佛。南岳般若寺的懷讓禪師有心助他，但是馬祖天天關著門，如何幫得上忙？有一天，懷讓禪師直接來拜訪馬祖，連敲好幾次門，心中早已定靜的馬祖不為外物所動，懷讓繼續敲，愈敲愈大聲，馬祖只好來應門，懷讓說：「大師竟日枯坐，如何成佛？」馬祖心中想的卻是：「不禪坐，如何成佛？」仍然繼續閉門苦修，這是許多人都在走的一條路呀！

這天，草庵門外傳來一陣一陣刺耳的聲音，馬祖聽得十分難受，走出門外，就看見懷讓禪師專心一意在磨一塊磚，全神貫注地磨，馬祖不免好奇，想探問究竟：「禪師，你竟日磨磚又為了什麼？」

懷讓禪師手仍然不停地用力磨著磚，說：「我磨磚是為要把磚磨成一面晶亮的鏡子呀！」

馬祖更加詫異了：「磨磚豈能成鏡？」

懷讓說：「磨磚如果不能成鏡，枯坐豈能成佛？」

馬祖這才醒悟，一味苦修不是終極的辦法。

鑽牛角尖的結果，愈鑽所見愈小，終究無法找到出路。磨磚不能成鏡，事理很簡單，我們一想就通了，可是，苦修是否可以成佛，恐怕很多人會陷在這個漩渦裡轉個沒完。

只要功夫下得深，鐵杵可以磨成繡花針，自古以來很多人深信這個道理，鐵杵與針，本質上相同，磨鐵成針，當然可行。但是，磚與鏡，本質不同，不論如何磨鍊，終究無法達成。就像一棵草本植物的小草，不論日日澆灌什麼廠牌的牛奶，永遠不能成為一棵大樹呀！何況，轉一個彎想：要磨成繡花針，找一根鐵釘比找一根鐵杵來得正確。

——再轉一個彎想：心似明鏡臺？明鏡亦非臺？時時勤拂拭？何處惹塵埃？

心，都不一定是鏡，何況是磚！

將自己陷在泥淖裡，真的是一種生命的浪費。推窗問月吧！月不就在遠天雲邊嗎？

——原載一九九四年二月二十五日《自由時報》

風到哪裡，我到哪裡

沒有腳，沒有風，沒有束縛，
隨時可以轉彎，絕對自由。
我們的思慮、我們的悟境，
期望能夠如此澄明。

禪與詩，有共通的地方，就我的體認，那是「置之死地而後生」，逼到絕處，山窮水盡，急轉了一個彎，又有續處，柳暗多茂盛，花明多亮麗！禪之悟，如此；

詩之興，亦如是。

小和尚的禪的訓練，恐怕也在言語突然截斷時，是不是能在斷處長出新花果，言語的截斷有時就是思緒的截斷，棒之，喝之，突然截斷會不會因此聽聞新妙音？能，那就是悟境了。

據說有兩座禪寺相鄰，禪寺中的小和尚往往會在山徑中碰面，不免寒暄：

「你到哪裡去？」

「腳到哪裡，我就到哪裡。」這樣的回答含著機鋒，足以讓人心神為之一動。可惜，先打招呼的小和尚一時語塞，不知如何接口，心中懊惱，回來請教師父，師父告訴他，緊接著你可以反問他：

「沒有腳時，你到哪裡去？」

這就是截斷思緒，讓小和尚在斷處思考。

第二天，兩個小和尚又在小徑上碰頭了。

「你到哪裡去？」

「風到哪裡，我就到哪裡。」這又是一個出人意料的答案，小和尚早先預備好的答話竟然派不上用場，心中一急，趕快回來請教師父如何回應，師父說：

「問他呀！問他：沒有風時，你到哪裡去？」

其實，這個答案的基本意義應該是：

「沒有師父時，你到哪裡去？」

沒有師父可以請教時，你怎麼辦？沒有經典可以依傍時，你怎麼辦？

上下班都坐公車、計程車的人，沒有車時，你怎麼辦？現代人生活裡沒有了電，怎麼辦？撤走你日常生活裡最大的倚賴，你怎麼辦？

你能當下立斷，頂天立地嗎？

你能無所依傍時無需依傍嗎？

「腳到哪裡，我就到哪裡。」「風到哪裡，我就到哪裡。」這是隨興隨緣的自由。

「沒有腳時，你到哪裡去？」「沒有風時，你到哪裡去？」斬絕有形的腳、無形的風，不是獲得了絕對的自由嗎？

有時我們受到有形的束縛，電啦、車啦、水啦、肉體啦，是依傍，也是束縛。

有時我們又受到無形的束縛，風俗習慣啦、思想啦、心情啦，是指標，也是束縛。沒有腳，沒有風，沒有束縛，隨時可以轉彎，絕對自由。我們的思慮、我們的悟境，期望能夠如此澄明。

不過，這個故事的最後，小和尚跟師父請教了之後，又遇上鄰寺的小和尚：

「你到哪裡去？」

「我去菜市場。」

一切的玄想禪思，不論如何急轉，還是落實到生活中來呀！

——原載一九九三年三月四日《自由時報》

扣
乙亥年
春日

你在你該在的位置嗎？

雲在它該在的地方，
水在它該在的地方，
鵝在牠該在的地方，
心，不也有它該在的地方嗎？

儒家講倫理觀念，約略而言，也不過是君君臣臣、父父子子。多麼簡單的話！
如果君不君、臣不臣，這個社會就大亂了；父不父、子不子，還有什麼家庭秩序、

社會道德可以講談？

推廣開來看，男不男，女不女，不也十分詭異？

我們說一個人長得端正，不也只是說他鼻子長得像鼻子，眼睛長得像眼睛而已！但是，這也就足夠了，否則，嘴巴長得像耳朵，那又是什麼動物啊？鼻子長在眼睛上，那又是哪個星球的？

因此，回到儒家「仁」的定義：「仁者，人也。」所謂「仁者人也」說的也不過是：「仁者，就是把人當人看待罷了！」把人當豬來餵，這是不應該的；有的人卻又把狗當人寵護著，那也一樣不恰適。把人當人、將心比心，仁也不過是這樣而已——把人放在人的位置上。

或者，反過來問自己：我在我該在的位置嗎？

唐朝貞元年間進士李翺，字習之，個性清峭耿直，不適合處處講求圓融的官場生活，仕宦並不得意，元和初為國子監博士，史館修撰，後來任廬州刺史，山南東道節度使。李翺曾向韓愈學作文，也是韓門子弟之一，辭致渾厚，在當時頗受尊崇。有一次，他假擬一個情況，請教南泉禪師，他說：

「有人將一隻初生的鵝放在大肚瓶裡養，鵝愈養愈大，瓶子還是一樣的瓶子，久了，無法從瓶口出來。現在，怎樣才能在既不傷到鵝又不必打破瓶子的情況下，把鵝放出來？」

禪師閉目想了一下，突然叫了一聲：「李翱！」

李翱朗聲說：「在。」

禪師微微一笑：「這不就出來了！」

鵝，不該在那個瓶子裡面的，我們硬是將牠放在裡面來思考，怎麼繞、怎麼轉，都出不來，往往我們都會將自己陷在一個自己設計的牢籠裡盲目地衝撞，不知如何自處，直到禪師一喝，才脫困而出。

鵝，本來就不該在那個瓶子裡面的。本來，也沒有什麼鵝在什麼瓶子裡的。鵝，應該在青草地上。

以此見證另一次李翱與禪師的對話，就像水中有明礬，一下子就清澈無比了！

李翱多次邀約藥山惟儼禪師入城，禪師不應，李翱親自登門拜訪，禪師也不理，李翱生氣了：「見面不如聞名！」禪師冷冷地說：「何以貴耳賤目？」這時，李翺似有所悟，他請教禪師什麼是道？藥山禪師以手指指上，又指下，說：「識嗎？」

李翺搖頭：「不識。」

藥山禪師說：「雲在青天，水在瓶。」

這次，李翺更加開悟了，雲在它該在的地方，水在它該在的地方，鵝在牠該在的地方，心，不也有它該在的地方嗎？

——原載一九九四年三月十一日《自由時報》

找到一根絲繩

我們都被繩子所繫所縛，
我們能找到那根繫縛我們的繩子嗎？
我們能適時解開，甚至於斬斷那根
繫我縛我的長索嗎？

每次評審臺北市或臺北縣的文藝創作比賽，在現代詩這一組，總覺得國中組的創造力要比高中組的強些，是不是正規的學校教育扼殺了蓬勃的想像能力？

在《小王子》這本書裡提到一張畫，大人說是一頂帽子，孩子的心卻認為那是蟒蛇吞象，——孩子看到了生命。

面對一張塗黑的畫紙，小孩子說畫的是兩個非洲人在晚上作戰；面對一張白紙，小孩子說那是牛在吃草，「牛呢？」牛吃飽，走了！「草呢？」草被牛吃光了！一張平板的紙，他們看到了生命舞臺的深度。

我特別喜歡那種放牛吃草，牛吃飽了走了的感覺，生命隨興，隨緣，自得，自在，原該如此，小孩子可以在一張白紙上看到這樣的一幕自由景象，而我們是不是被五光十色的喧鬧繽紛所迷了？解不開生命的枷鎖，甚至於製造了新的繩索！

馬祖道一禪師的朋友看到牛被拴在樹幹邊吃草，愈繞愈短愈緊愈小，問他為什麼會這樣團團轉，他說：「只緣鼻端有繩。」牛為了吃草如此團團轉，人為了生活不也如此團團轉？我們都被繩子所繫所縛，我們能找到那根繫縛我們的繩子嗎？我們能適時解開，甚至於斬斷那根繫我縛我的長索嗎？如果能斬斷那牽扯不已的繩索，禪師說，那就逍遙自在去了！

朋友又看到蟬誤入蜘蛛網中，鳴叫不停，掙扎著想要脫困的情景，也問禪師為什麼會這樣吱吱叫不停？禪師說：「只因腳下有絲。」

蟬誤入蛛網，吱吱哀鳴，人是不是也誤入另一種網，腳下、心上都被情絲所繫所纏，暗暗叫苦？

情愈深，所受的苦也愈深。

蟬能掙斷蜘蛛絲嗎？會不會再陷入另一張塵世的密網裡？當牠呼嚕飛去也，那又是什麼樣的海闊天空？

生活裡，我們是牛；情意裡，我們是蟬。我們能找到縛我絆我的繩索嗎？我們能在生活的草原裡隨意奔馳嗎？能在情意的天空裡縱情飛翔嗎？

——原載一九九四年三月十八日《自由時報》

花在舊時紅處紅

去年花紅，今年花紅，
花在舊時紅處紅，
這種「不變」的感覺，
在無常的生活認識裡，
是一股穩定的力量。

自從北宋歐陽修寫作《六一詩話》以來，中國文學史上有關詩話、詞話之作，

不知凡幾。詩話的寫作，大都以短短的篇幅記敘詩人趣事、快事、糗事，不免月旦人物，臧否詩句，類似印象式的批評，雖然沒有嚴謹的理論體系，卻偶爾也有吉光片羽的喜悅。讀研究所時，我搜集了五百種以上的詩話著作，原想從其中耙梳一些重要的詩學理論，後來因為戮力於臺灣現代詩的研究工作，也就疏於探索中國詩話的源、流、波、海，僅僅完成一部《從鍾嶸詩品到司空詩品》的小論，所探討的卻是早於《六一詩話》的「前詩話」作品。

從那時開始，我就習慣隨時翻閱詩話之作，當然不免「披沙」的辛勤，卻也會有「簡金」的歡樂。《苕溪漁隱叢話》、《詩人玉屑》、《詩話總龜》，不同的心鼓盪著不同的情，偶爾也讓我們眼睛為之一亮，心頭溫熱。

最近翻閱阮閱撰的《詩話總龜》，讀到福建和尚懷濬的「示法詩」，真的有心中一驚、眼角一熱的感覺：

家在閩山東復東，
其中歲歲有花紅。

而今再到花紅處，
花在舊時紅處紅。

——（第一首）

家在閩山西復西，
其中歲歲有鶯啼。
而今再到鶯啼處，
鶯在舊時啼處啼。

——（第二首）

這樣的兩首詩，句型、句法、句意，完全相同，大量使用類疊手法，字一再重複。兩首之間，不同之處只有三個字：

東，花紅。

西，鶯啼。

顯然，對比的結果可以看出是為了諧韻的需要，東，諧紅，西，諧啼。否則，閩山之東，難道只見花紅不聞鶯啼？閩山之西，卻又倒過來，只聞鶯啼不見花紅？春天的景色：花紅時不也是鶯啼之時，鶯啼之處不也是花紅處？一聲一色，情景相同，一動一靜，境界全出。這時，倒也不必在意花為什麼在山之東紅，鶯為什麼在山之西啼，而家，又為什麼一下子在「閩山東復東」一下子在「閩山西復西」？

動物、植物，大自然的一切都在正常的軌道上運轉，生機盎然。去年花紅，今年花紅，花在舊時紅處紅，這種「不變」的感覺在無常的生活認識裡，是一股穩定的力量。

崔顥〈黃鶴樓〉詩，說「昔人已乘黃鶴去，此地空餘黃鶴樓，黃鶴一去不復返」時，多感傷！好在「白雲千載空悠悠」！

李白模仿崔詩，作〈登金陵鳳凰臺〉，也慨嘆「鳳凰臺上鳳凰遊，鳳去臺空」，好在「江自流」。

人世間，總該有些不變的東西吧！有花可紅有鶯可啼的大自然，就為人類扮演著這股永遠穩定的後盾力量。

——原載一九九四年三月二十五日《自由時報》

是誰綁住了你？

「是誰綁住了我？」
不就是我們自己？
我們自縛手腳，這裡不能動，那裡不能去，
哪會有活潑潑的生機？
自我設限，自釘藩籬，
不能衝破舊圍牆，也見不到新格局，
多可惜呀！

有些人行了一點小善，會在神的面前、佛的面前邀功，或者在祈禱的時候，向神許願，祈求神佛的賜福。也有人會痛哭流涕，跪倒在神、佛的面前，請求贖罪。不知道，這其中應驗的比例有多少？神蹟又有多少？

沒有正確的數字統計，我們不敢估算，但是，至少可以回想一下自己曾經有多少次的請願、祈福、求赦，而又能遂我心，如我意的？

天地如此廣大，萬事萬物何其瑣碎而藐小，我們為什麼要以自己的一樁小事去擾煩神、佛呢？

「神啊！幫助我孩子考上大學吧！」神這樣就幫助了你的孩子嗎？

「神啊！請幫助我孩子考上大學，如果他考上了，我就……」神就這樣接受你的賄賂嗎？

這樣的話語，會不會褻瀆了神佛？玷汙了自己的心靈？實在值得我們深思。

每次讀到禪宗二祖衣缽傳給三祖，三祖傳四祖的經過，我就覺得其中有深義，仔細探索，彷佛又有相同的脈絡可以遵循。

三祖僧璨還是居士的時候，他曾向二祖慧可請求：

「師父，請為我懺罪，我大概前世造孽太多，如今常常為宿疾所苦。」

慧可禪師說：「你把罪拿來，我替你懺啊！」

僧璨說：「師父，我找不到自己的罪。」

慧可說：「我已經替你懺罪完畢。」這時，慧可要求僧璨皈依佛、法、僧三寶，僧璨心裡想：僧就是師父，就在眼前，那佛、法又是什麼呢？心中有此一問，嘴裡自然就問了：佛與法是什麼？

慧可說：「是心是佛，是心是法，法佛無二，僧寶亦然。」這顆心就是佛，這顆心也是法，法與佛沒有區別，僧這一寶也是如此，僧璨這時才領悟到「罪性」不在內，不在外，不在中間，心、佛、法、僧，其實無不如此，處處尋找依傍，反而失掉了依傍！

僧璨這時才剃度為和尚，後來承傳了慧可的衣缽。不過，四祖道信禪師承傳僧璨衣缽時，也經過類似的機鋒問答，道信問僧璨：「何心是佛心？」

僧璨反問：「你現在又是什麼心？」

道信說：「我此刻無心。」

僧璨說：「你無心，佛又怎能有心？」如果「是心是佛」為真，那麼，逆推其理，「無心無佛」也是真呀！

經過一番轉折，道信又向師父請安：

「師父慈悲，請師父教我解脫法門。」

僧璨說：「是誰綁住了你？」

道信說：「沒人綁住我呀！」

僧璨說：「既然這樣，為什麼還要尋求解脫法門？」

道信禪師經師父這樣一點，豁然開朗，「是誰綁住了我？」不就是我們自己？我們自縛手腳，這裡不能動，那裡不能去，哪會有活潑潑的生機？自我設限，自釘藩籬，不能衝破舊圍牆，也見不到新格局，多可惜呀！

即心即佛，忙著去求神問卜，倒不如回過頭來省察自己，期許自己，心境自然涼爽了許多。

——原載一九九四年四月一日《自由時報》

沉默裡自有鐘鳴鼓應

恆常沉默的人，
容易爆發出奇思異想，
因為他在沉默中沉思。
恆常沉默的人恆常沉思。

學生常會問我：老師每年都教一樣的課程，會不會倦怠、會不會煩？
我只是反問他：公務員每天朝九晚五，銀行員每天記別人的數字、算別人的鈔

票，郵差每天走同樣的路徑，總統每天握別人的手，講冠冕堂皇的話，煩不煩、累不累？

我說：火車每天走同樣的軌道，卻載著不同的人；春天每年來到，卻開不同的花，每朵花都有不同的花姿花顏；鋼琴相同的鍵數，可以組合成各種樂曲。這不是一種新鮮嗎？

每年我面對的是不同的人，不同的人就有不同的心，每日面對不同的心，還有比這更新鮮活潑的職業嗎？

其實，每種職業都有吸引人的地方，計程車司機每天迎人送人，不是看盡了眾生相？每天坐公車上下學的人，不同的司機、不同的共乘人、不同的窗外景觀，也會引發心中不同的鐘鳴、鼓應吧！

禪宗的詩句，有兩句最動人心弦：

萬古長空

一朝風月

如果不是有萬古之長空，也不足以顯示一朝風月之精彩；如果不是有一朝之風月，又何以顯示長空萬古之悠遠與寂寥？在長遠的軌道上，我們看見了寂寥，而在寂寥之中，我們不也因為一些見聞而有所思嗎？

恆常沉默的人，容易爆發出奇思異想，因為他在沉默中沉思。恆常沉默的人恆常沉思。

南宋禪師善能曾說：「不可以一朝風月，昧卻萬古長空，不可以萬古長空，不明一朝風月。」

看看大海吧！大海因為有浪花鑲其邊而更美，浪花也因為有大海環襯四周而更壯闊！但是我們無法想像：整片大海都是不停的浪花起落，那不就像一鍋煮沸的湯嗎？當然，我們也不敢想像：整片大海死寂無聲，那不就像一缽隔夜的冷茶嗎？日本詩人芭蕉的俳句：

寂寞古池塘
青蛙躍入水中央

潑剌一聲響

就因為是「寂寞」而又「古」的池塘，才深深覺得「潑剌一聲響」的可貴。

再看盛唐王維的〈鳥鳴澗〉：

人閒桂花落，
夜靜春山空；
月出驚山鳥，
時鳴春澗中。

以「人閒」、「夜靜」、「春山空」的萬古空寂，襯映出月出「驚」山鳥的一夕風月。

因此，我們何必害怕長期的平凡作息，沒有長期的平凡作息，也就不會有意外忽來的驚喜！

——原載一九九四年四月十五日《自由時報》

衝破關鎖，山河萬朵

擔驚受怕，如何唱出心中的情愛？
別人笑一下，鄰座交談一聲，
都以為是在批評自己的歌沒唱準，
這樣的念頭形成了塵勞關鎖，
即使有神珠一顆，也無法照破萬朵啊！

滿街都是KTV的臺北，老實說，十年來我去的次數不會超過十次，不是我排

斥唱歌，三十年前流行的臺語歌曲，我幾乎沒有不會哼的。罕去，主要是我個性拘謹，沒膽上去唱，上去唱又不敢放下身段（其實我哪有什麼身段），唱了又不敢放開喉嚨，彆彆扭扭，總是沒能唱好。

第一次知道有這麼一個地方可以讓人唱歌，還是菲律賓的詩人朋友到臺北來，電召我過去相陪，才見識什麼叫卡拉ＯＫ，後來朋友告訴我：卡拉是日語發音，「空」、「無」的意思，ＯＫ則是英語的Orchestra（管弦樂團），卡拉ＯＫ的意思是現場沒有樂團伴奏的歌唱方式。這樣的語言真是土地公祠破了洞——妙透了！

總覺得歌聲最好的時候是在浴室獨自高歌時，可能有幾個理由吧！第一，在浴室中我們解除了身上、心上所有的束縛；第二，浴室空間小，回聲效果不錯；第三，水氣瀰漫，歌聲滋潤，不會太乾；第四，沒有顧忌，可以放心、放膽、放開喉嚨唱，聲音哪會不美？

這樣盡興盡情的唱，很像「茶陵郁山主」乘驢度橋，一踏橋板而墮，忽然大悟所誦的詩：

我有神珠一顆，
久被塵勞關鎖。
今朝塵盡光生，
照破山河萬朵。

乘驢墮橋，才可能在極端驚惶之中衝破關鎖，照見山河。浴室之中，煩瑣盡除，心中的那顆神珠才有可能塵盡光生，大聲唱出心中的歌。

茶陵郁山主有位弟子「白雲守端禪師」，後來又拜在楊岐門下，有一天楊岐問他，還記得郁和尚大悟時的詩偈嗎？守端禪師必恭必敬回答說：當然記得，隨口就朗誦了這首偈，楊岐聽了，卻哈哈大笑走了。守端心中納悶：唸錯了嗎？沒錯呀！郁和尚的詩偈好笑嗎？未必呀！那老師為什麼聽完偈語卻哈哈大笑？

忍了一夜的守端禪師，天一亮就跑去晉見楊岐，要問問為什麼這事好笑。楊岐說：「看過戲劇裡插科打諢的小丑嗎？」守端不解，楊岐又說：「你有些事的作法，比不上那個小丑。」為什麼呢？楊岐說：「小丑喜歡別人笑，你卻怕別人笑！」守端當即悟了。

不是嗎？小丑隱藏自己的辛酸，卻去逗別人笑，喜歡看見別人笑，守端卻為了楊岐不一定有意義的笑，苦惱了一個晚上，就怕人家笑。

唱歌時，我們不也是這樣怕人家笑嗎？怕自己出糗，怕自己「KEY」不對，音走了，調差了，拍子不對了，擔驚受怕，如何唱出心中的情愛？別人笑一下，鄰座交談一聲，都以為是在批評自己的歌沒唱準，這樣的念頭形成了塵勞關鎖，即使有神珠一顆，也無法照破萬朵啊！

——原載一九九四年四月二十二日《自由時報》

活轉轉活

好的詩需要一轉，留下深意，令人回味；
智慧的生活，不也應該隨時保持可以一轉的空間和活力，
彈跳而起，智慧的色彩隨處飄灑！

最近我在欣賞黃秋芳編著的《童詩旅遊指南》，讓我這顆跳了四十八年的心有機會與童心對話。兒童想像力之活潑、生動，處處在吆喝著我，這裡叫我看他的顏色，那裡又叫我注意他的圖形，我很想改改他們的詩句，讓他們更完美，但，那又

恐怕不是童真稚趣了！所以我就隨他們走，隨他們跳，也隨他們笑。

其中有一首小詩〈隨身聽〉，只有三行：

隨你聽隨身聽

隨便走

隨便聽

當然，這不能算是完整的，或者說是完美的一首小詩，不過，我欣賞他這麼勇敢從「隨身聽」想到「隨便走」、「隨便聽」，不拘不束，自由自在，這才是真正自由的人。如果讓我隨「隨」聯想，頂多想到「隨遇而安」、「隨心所欲」（還要「不踰矩」！）再向前一點，也不過想到于右任酒醉時寫「不可隨處小便」，酒醒後剪成「小處不可隨便」（還是禁止隨便），總覺得嚴肅了一些，刻板了一些，拘泥了一些，不如孩子天機自然呈現，活活潑潑，盎然蓬勃。

如果將這首小詩的次序改變一下，用來說明古人作文訣竅的「起承轉合」，最為貼切：

起：隨身聽

承：隨你聽

轉：隨便走

合：隨便聽

古人作詩特別注意絕句的第三句、律詩的第七句，他們要在這句詩裡跳離原來的窠臼，再鑄新意，如此詩第三句橫空而來「隨便走」，使此詩特別有著「自由」的時代意義。密閉的相等句式，有一種保守的趨勢，就因為一句「隨便走」，又恢復了生機。也因此使這首詩有了中心意旨，有一點黏又不會太黏，不黏不滯，轉出了新意。

日本禪話故事中，有人請教詩人：漢詩怎麼寫？詩人說：漢詩有四句，起句、承句、轉句、合句，日本的一首歌可以做為示範：

京都絲商有二女（起句）

長女二十次十八（承句）
武士殺人用刀劍（轉句）
二姝殺人用眼睛（合句）

前兩句在講京都絲商的兩個女兒，第三句一轉，說武士以刀劍殺人，與首二句好像無涉，第四句總結，說女人之美，傾城傾國，也能傷人，果然結得好。假使沒有第三句的跳起動作，也許冗冗長長還不知要說到哪裡去了！

禪學裡，突然而來的棒打、吆喝、刀傷，所要激起的也不過是這第三句的一轉，彷佛門上的一樞一紐，可以轉向開啟的路。好的詩需要一轉，留下深意，令人回味；智慧的生活，不也應該隨時保持可以一轉的空間和活力，彈跳而起，智慧的色彩隨處飄灑！

——原載一九九四年五月六日《自由時報》

真的飛過去了嗎？

痛與不痛，苦與樂，生與死，
都在當下產生，也都在當下逝去，
又何必縈懷不去呢？

大學「禪宗概要」課堂上，南懷瑾老師說的禪學故事，印象最深的是馬祖道一禪師和百丈懷海看野鴨子的故事。印象深，是因為南老師一面講述、一面還跳起來作扭鼻子的動作，舞臺效果極佳，現在想著，彷彿老師的身影仍然矯健在眼前；印

象深，是因為多少年來心裡一直在思索這故事到底哪裡可以啟發我們？有些禪宗的公案很有趣，但是因為我們未能親臨其境，沒有當事人的心情，思索未必有得，有些則因年歲、經驗不足，還不能有所悟、有所會，暫時懸在那裡，等著哪一天突然醒覺，開了竅。「野鴨子」的故事卻不屬於這種類型，他一環扣著一環，解了這一環卻又被阻於另一環，回過頭再尋求原先那一環卻又羚羊掛角，尋無蹤跡了！

馬祖道一禪師（西元七〇九～七八八年），身材魁梧，容貌怪異，有一天，他與弟子百丈懷海（西元七四九～八一四年）在山野間散步，馬祖目光犀利，看見野鴨子從頭上飛過去，一下子不見了蹤影，他就問懷海：

「那是什麼？」

「是野鴨子。」

「到哪裡去了？」

「飛過去了！」

百丈懷海才說完，行動一向緩慢的馬祖突然扭住懷海的鼻子，懷海忍不住痛得哇哇大叫，馬祖卻說：

「不是飛過去了嗎？怎麼還痛？」

百丈懷海回到寺中，喜極而泣，師父這一扭，讓他領悟了。不過，其他僧眾卻不明所以，看他哭得那麼大聲，問他為什麼哭，他說：「問師父去吧！」眾僧跑去跟馬祖道一禪師說情況，問緣由，禪師說：「他心裡明白，問他去。」眾僧這時都成了丈二金剛，摸不著腦袋，回過頭來見百丈懷海，只見他一個人在那兒呵呵大笑。「怎麼了？剛剛哭，現在笑，為什麼？」

懷海說：「我就是剛剛哭，現在笑。」

這個故事的關鍵處應該是扭痛鼻子這個動作，鼻子被扭是剛剛，一下子而已；痛卻是此刻，而且延續了好久。鳥飛過去，是一霎時；鳥飛過去的印象，卻是好久好久不易磨滅。——今天，你對我的一個溫柔言語，是短暫的；留給我的溫馨記憶，卻是永恆的。

凡存在過的，必留下痕跡，其端甚微，其效甚巨，我們所行的任何一丁點小事，都可能造成大震撼，我們能不「慎始」嗎？

馬祖一扭，百丈喊痛。「不是飛過去了嗎？怎麼還痛？」

野鴨子如果飛過去了，野鴨子就不會還在這裡。痛如果過去了，痛不會留在心底。

馬祖這一喝問，百丈才真的心中一空，澄明無比。痛與不痛，苦與樂，生與死，都在當下產生，也都在當下逝去，又何必縈懷不去呢？所以，懷海才會適才哭，如今笑，適才的哭是真哭，如今的笑也是真笑，完完全全活在一個「真」字裡。

二十八年前，南老師在講臺上那一扭的動作，還清清晰晰在我眼前，他所產生的效應，卻也不只是那一扭的舞臺效果而已。野鴨子飛過去了嗎？飛過去了呀！可是，為什麼「痛」還在？二十八年還在哩！

——原載一九九四年五月十三日《自由時報》

斷臂立雪

有「斷臂立雪」的決志，
還有什麼不能做到的嗎？
雪之白與冷，血之紅與熱，
兩極之間，容易迸出悟道時的火花。

大雨滂沱時，你願意在情人的窗口守候一整夜嗎？
這樣的情人已經不多了。

更可憐的是：這樣的守候已經不能使情人動心了。如果，雨雪霏霏，你願意為了等候老師醒覺，在老師的門口站上半天嗎？這樣的學生恐怕也不會有了！

是不是因為先沒有了「程門」的老師，才沒有了「立雪」的學生？

根據《朱子語類》的記載，北宋游酢、楊時兩人，第一次去見伊川先生，程頤正瞑目而坐，兩人不敢打擾，就站在門口等候，哪知老師靜坐冥思，神思一馳，不知到了什麼國度，等到醒覺過來，程頤說：「兩位還在嗎？還是休息去吧！」兩人一應聲，老師走到門口，門外雪深一尺，兩人還站在那裡不動，也不知過了多少時刻。「程門立雪」，就這樣為師生倫理留下了一段佳話。

宋明理學糅合了儒家的師生倫理與禪宗的叢林餘習，程門立雪是不是也受到禪門立雪的影響呢？

梁武帝時代，菩提達摩在嵩山少林寺面壁禪定，一入定就不知道多久，一動不動，連鳥都以為是一棵樹，在他頭上築巢，達摩也未醒覺。這時，洛陽人，俗姓姬的神光和尚，從北方南下，來到少林寺，就站在庭院裡祈求達摩指示，達摩正在禪坐，一句話也沒說。神光早已下定決心，如果得不到開示，就不離開此地，傍晚時，天涼了，下了大雪，雪淹沒了神光的膝蓋，大地一片雪白，達摩這才開口。

「你為什麼一直站在雪地裡？想求什麼？」

神光說：

「請師父解我迷惑，大開甘露之門，廣度群品。」

達摩以為諸佛無上妙道，不易索解，必須要有堅定的心志，忍人之所不能忍，行人之所不能行，才能體悟，雪地上站個幾小時，仍嫌輕慢。神光此時取出匕首，切下自己的左手臂，以明求佛學道的決心。達摩這才又問：

「為法忘形，你到底想求什麼？」

「為求心安，」神光說：「我心未安，祈師父為我安心。」

「將心拿來，我替你安。」

「覓心，了不可得。」

「好了！我已把你的心安好了。」

神光一驚，如果「覓心而了不可得」，那麼，「心之不安」又附在哪裡？所有的不安、煩愁、嗔怨，甚至於快樂，不都是自己所謂的「心」所幻造出來的嗎？神光和尚當即拜在達摩座下，後來接了衣缽，就是禪宗二祖慧可。

很多人在「覓心了不可得」與「我替你安心」之間尋求解讀密碼，我想如果在「立雪斷臂」的決志上尋求，或許更為踏實吧！有「立雪斷臂」的決志，還有什麼不能做到的嗎？雪之白與冷，血之紅與熱，兩極之間，容易迸出悟道時的火花。

然而，今日校園，多少老師望著窗外的花花的陽光，又有多少的腳步聲為他而來，為他而駐足？

——原載一九九四年五月二十日《自由時報》

做人太難，不如為僧

吃點苦，耐點勞，
簡單化自己的生活，單純化人際的關係，
減緩物質的追求、肉體的慾望，
做人就不那麼難了！

一個年輕的寫詩朋友，寫了一首詩要我提供意見：

做人太難了
不如為僧

——〈僧人〉

短短兩句話卻蘊含著深義，就詩而言，他表達了做人的困難，也表達了他為人的豁達。我只輕輕將題目中的「人」字圈掉，讓「僧」與「人」成為完全的對比，讓「僧」從人群之中鶴立起來，僧，只是僧，不是一般凡人。這樣，詩的張力在「僧」與「人」之中形成。

不過，這只是就「詩」而言，真正的「僧」恐怕還是要過「人」的生活，「僧人」、「僧人」，僧終究還只是人。

當然，人要成為僧，必須先守五戒：不殺生、不偷盜、不邪淫、不妄語、不飲酒。然後再進一步做到五戒：不坐高廣大床，不歌舞娼妓亦不往視聽，不著華鬘好香塗身，不得蓄錢金銀寶物，不非時食。然後才可能接受剃度而為僧。顯然，剃度的過程，使得「僧」與「人」有了較大的區別，明顯的隔離。

不過，反過來思考，僧既然不免是人，人是否也可以不拘於僧的外在形貌而有僧的內在修為？我們也可以讓自己不殺生呀！尊重生命，維護生命尊嚴；不偷盜、不邪淫，這都是做為「人」的基本修養呀！不妄語，不隨便批評，也許難一些，但並非不能做到；不飲酒，我有許多朋友還不抽菸啊！其後的五戒，那幾乎已是奢靡的生活了，或許，要做到不坐高廣大床等等，也不算是難事。

生活趨於簡單，心靈更能寧靜。

漢朝的鼂錯說商人「無農夫之苦，有阡陌之得」，我們不也可以「無僧人之苦，有和尚之悟」？

居家修行，帶髮修行，大約就是發了這種願吧！我們甚至於不曾發願，也要能不殺生……不飲酒。

做人如果真的太難了，何妨過一點獨行僧的生活，吃點苦，耐點勞，簡單化自己的生活，單純化人際的關係，減緩物質的追求、肉體的慾望，做人就不那麼難了！

——原載一九九四年六月三日《自由時報》

一字五百世

不昧因果，則深明因果法則，
即使身在其中猶能適意生存，怡然自得；
就像樂觀的人，仍然會遇到貧困災厄，
但在窮阨之中，他依然知道順時而行、適性而為。

吟安一個字，撚斷數莖鬚。
古往今來，多少詩人文學家為了關鍵裡的那一個字，推敲又推敲、琢磨復琢

磨，灰了鬢，白了頭，總是要找到最妥切的那個字。

我們聽過王安石的「**春風又綠江南岸**」那個「綠」字難覓；我們也聽過〈早梅詩〉寒梅「數枝開」怎如「一枝開」來得獨奇而又切合「早梅」之「早」；我們也聽過賈島「**鳥宿池邊樹**」時，到底讓僧去「推」月下門好，還是「敲」月下門好？頗費一番思索。

最近的大學入學甄選考和模擬考，流行一種考法：寫出詩句，空下其中的一個字或兩個字，要學生選填最恰當的字。這是一種文學實力的考驗，我們試作一題如何？

「文章天下□，風雨故人□。」方格內應該填入什麼字？（A）聞、來，（B）善、見，（C）知、情，（D）淚、心。（此題單選）

這樣的經歷，宋代歐陽修《六一詩話》中也曾有類似的記述，他說當時拿到杜甫詩句「身輕一鳥□」，最後那一字脫落，到底是什麼字呢？有人填上「疾」，有人認為是「落」，有人贊同「起」，有人說「下」字最合宜；到底是什麼字呢？拿到另一本善本詩集，杜甫寫的是「**身輕一鳥過**」，「過」字一出，大家都嘆服。

在文學史上有一字千金的故事，在禪學故事裡也有「一字五百世」的公案，值得我們深思。

這是百丈懷海禪師的故事。百丈禪師上堂講法，每次都有一位不認識的老者隨在和尚的後面聽道，有一次，等大家都離去之後，老者自動介紹自己，說他不是人，是迦葉尊者的時代山上的方丈，一個學僧問他道行很高的人是否可以了然因果的法則，他說：「不落因果。」結果因為這句話錯了，罰為狐狸身，整整五百世，所以他來聽道，希望百丈開悟他，讓他解脫狐狸身。

百丈說：「你要問我什麼？」老者將學僧的問題又提了出來，百丈說：「不昧因果。」老者聽後大悟，說：「我已解脫狐狸之身，明天，請到山後，依和尚死亡的禮儀埋葬我。」百丈懷海果然在山後洞穴裡找到野狐的屍體，依禮將牠火葬了！

「不落因果」與「不昧因果」，一字之差，五百世的距離。

不落因果，是自恃自己不墮入因果循環，抹煞了因果法則。不昧因果，則深明因果法則，即使身在其中猶能適意生存，怡然自得；就像樂觀的人，仍然會遇到貧困災厄，但在窮阨之中，他依然知道順時而行、適性而為。孟子曾與梁惠王談到打獵之事，他說：「賢者而後樂此，不賢者有此不樂。」正是此意，看開了的賢者，打不打獵都是愉快的，因為他能不昧因果，不怕因果，即使在因果循環中，仍能看清事理，自尋法則。

文章天下淚，得失寸心知。能以文章寫盡天下淚，即使落入因果，心中仍然是澄明一片吧！

——原載一九九四年六月十日《自由時報》

曬曬腦海裡的觀念吧！

有時候，我們真會死守著書上的道理而不放，
不知道反過來，回過頭，看看自己，
看看活生生的這個人、活生生的這個社會。
正視自己，往心中求，正視社會，往活處求，
都比死抱著經書好。

以前讀到《世說新語．排調篇》，總覺得六朝時期的人，在苦悶的時代獨自發

展出他們的機智和幽默。《隋書．經籍志》將《世說新語》列於「小說家」，我們知道，東漢魏晉以至於南朝宋，盛行的小說是志怪體的小說，譬如《博物志》、《搜神記》等等，無不是鬼影幢幢、神話連連，但是，劉義慶的《世說新語》卻是以人為本位的「人本」小說，從此改變了小說的體質，影響了唐以後的傳奇、話本、章回小說，將小說家的眼睛從神的身上扭轉回來，注視人的生活面貌。〈排調篇〉特別有一種伶牙俐齒、適時反擊的「人的本性」呈現出來，溫和地嘲諷了世俗的謬誤。

「郝隆曬書」，就在〈排調篇〉裡。

七月七日，家家都在曬衣物，除蟲防霉，郝隆也跑到院子裡，腆著一個大肚子仰臥在地上，人家問他：你幹什麼？他說：你們曬衣物，我曬肚子裡的書啊！

這真是一個有趣的畫面，想像一個人撩起衣服曬肚子的樣子，就覺得好笑。不過，就郝隆來說，他不是在耍寶而已，我想他還透露另一種信息：重物質（衣物）與重精神（書）往往不成比例。每個人都有衣物可曬，但是，又有多少人有書可曬？而且是肚子裡的書。

日本禪師一休和尚，也有曬書的狂舉，更值得我們思考。

一休和尚的寺院在比叡山上，風和日麗的日子，他們也盛行曬藏經，因為一般傳聞，曬經書時，從經書上吹過的風，吹在人身上，可以消災去厄，添福加壽，因此，和尚為了保存經書而曬書，信徒卻為了得到福報來參觀曬書的壯觀場面，希望吹在經書上的風也能吹在自己的身上，讓自己也能因此而增長智慧。

當僧侶們忙著曬藏經，一休和尚卻袒胸露肚，躺在信徒來來往往的山路邊，拍著肚皮吆喝著：「曬藏經了！曬藏經了！」引來許多好奇的人圍觀。寺院裡的僧侶認為一休這樣的舉動不甚雅觀，而且可能褻瀆了藏經，跑來勸他。

一休一本正經地說：「寺院裡曬的藏經是死的，會長蠹魚；我曬的經書是活的，會說話，會做事，會吃飯。哪一種經更珍貴呢？」

有時候，我們真會死守著書上的道理而不放，不知道反過來，回過頭，看看自己，看看活生生的這個人、活生生的這個社會。正視自己往心中求，正視社會，往活處求，都比死抱著經書好。

道在爾，何須遠求？

而且，藏經存久了會朽腐，人的觀念、思想，不隨時代而增進，也會陳腐，需要隨時見見天日，隨時注入活水。將自己攤開來，攤在陽光底下，日白天青，又是一番新境界！

——原載一九九四年六月十七日《自由時報》

超越兩極，隨它枯榮

榮有榮的生機，枯有枯的禪意，
不榮不能成就自己，
不枯不能成就別人。

七月是考季，大大小小的考試都在這個最熱的月份舉行，漢字造字真奇妙：「烤」字有火有考，考生及其家人最能理解。

考上／考不上，第一層選擇；臺大／清華，松山／景美，第二層選擇；日校／

夜校，第三層選擇；職校／專科，第四層選擇。人生的關卡，就屬這個季節最多，一個剛從國中、高中畢業的年輕人，就要面對這麼多的試探、抉擇，做家長的人如果不能協助他，還忍心給他壓力嗎？

我遇到過這樣的家長，他說他從來不給孩子壓力，每天都明明白白告訴孩子：「我都沒有給你壓力喔！考好考不好你自己負責！」

高中時，我曾寫過一句話：「揚言自殺的人，不是真正想去自殺。」一天到晚說「我愛你」的人，不一定是真正在愛你。因此，每天都在說「我不會給你壓力」的人，到底是在紓壓，還是在施壓！

也許，我們都該體會一下唐朝藥山禪師（西元七四五～八二八年）和他弟子的對話，才真能面對抉擇。唐朝藥山惟儼禪師，和他的弟子：道吾、雲岩和高沙彌，在湖南藥山禪院修習，禪院中有兩棵大樹，一棵已然枯萎，另一棵則生機蓬勃，一枯一榮，強烈對比，師徒四人常在禪院裡散步，有一天來到這兩棵大樹前，藥山禪師說：「到底是枯的對，還是榮的對？」

道吾先說：「榮的對。」
藥山禪師大喝一聲：「灼然一切處，光明燦爛去！」
雲岩接著說：「枯的對。」
藥山又大喝一聲：「灼然一切處，放教枯淡去！」
高沙彌站在比較遠的地方說：「枯者隨它枯，榮者隨它榮。」
道吾和雲岩各執一邊，不如高沙彌縱覽全局，超越兩極。平常我們看樹，榮有榮的生機，枯有枯的禪意，不榮不能成就自己，不枯不能成就別人，生命原該如此循環不已，枯與榮都是生命的現象，我們不是都以平常心看待樹的榮枯嗎？何以面對孩子的考試就失掉了平常心？

南泉普願禪師最喜歡說「平常心」，「熱即取涼，寒即向火」就是平常心，「要眠即眠，要坐就坐」就是平常心。所以，趙州從諗問南泉禪師：「什麼是道？」他說：「平常心就是道。」如何保持平常心呢？南泉禪師說：「愈想保持平常心，就愈會偏離。」

不如放下這一切，飢了為他張羅平常飲食，熱了為他搧搧風，調整冷氣。只是一場考試而已嘛！

——原載一九九四年七月一日《自由時報》

你會堅持竹子是綠色的嗎？

我們以為畫紅色的竹是創新，
說不定在瑰奇的宇宙萬象中，
這只不過是另一種不自覺的寫實而已！

文人畫竹畫梅，成為一種趨勢。北宋蘇東坡書畫有名，漸漸的，求畫的人也多了，有一次，有友人請他畫一幅竹，東坡應允了，以紅色的顏料畫了朱竹圖。朋友看了，說：竹的節，勁而有力，竹的葉子瀟灑自在，只是，怎麼會是紅色的？

東坡說：「那你希望是什麼顏色？」
朋友說：「墨竹墨竹，當然是黑色的才對。」
東坡說：「你見過黑色的竹子嗎？」
朋友一時語塞，沒有紅色的竹子，也沒有黑色的竹子呀！
以前，我會覺得東坡頗有機智，答話富於禪機，畫竹重要的是竹子的神韻如何掌握，超越外在的形與色，準確地拿捏竹的節、虛與一股無形的氣，或許如現代詩人渡也所說的：

你仍然筆直堅持
站在雨裡
父母兄弟都是
這樣的個性
永遠硬著頭顱而
不肯破裂

這才是最重要的氣節。至於外表的顏色如何，竹子的長短與現實中的竹子有著什麼樣的差距，都是我們要學會去超越的，就像善於畫馬的人，掌握的也是奔騰的那份神勇，至於馬的顏色，馬的毛如何會是一塊一塊的墨黑，就不會有人去要求完全寫實了！

以前，我真的認為東坡的反詰是機智的，有禪的棒喝作用，以子之矛攻子之盾，讓人反思。然而，到了宜蘭「福山植物園」時，我真的見到了「黑竹」，當場，我真的受到了另一個棒喝，今天，我是見過了黑色的竹了，那麼，這世上說不定也有紅色的竹！我們以為畫紅色的竹是創新，說不定在瑰奇的宇宙萬象中，這只不過是另一種不自覺的寫實而已！

竹之莖是圓筒形的，然而，也有「方竹」存在。對於好辯的人，對於自以為博學多識的人，這又是另一個新奇的發現，另一個謙卑的開始。

「戲臺頂有什麼款的戲，戲棚下就有什麼款的人生。」人之所見，真的有限，有什麼是我們要堅持的嗎？我有一個朋友常說：「連反共抗俄都可以不堅持了，你又何必那麼死心眼！」這真是解套的名言哪！

——原載一九九四年七月八日《自由時報》

不行，居大不易

渾渾噩噩的一生，
是沒有意義的人生，
不能開悟的人生不也就是危險的一生嗎？

你或許喝過「雀巢」咖啡，讀過「鳩佔鵲巢」的成語，但你可能疏忽了中唐時代有位「鵲巢禪師」。鵲巢禪師，俗姓潘，喜歡棲居在樹上，所以人家稱他為「鳥窠道林」，連鵲鳥也喜歡在他棲息的樹旁築巢，因此也有人稱他為鵲巢禪師，戲謔

的語意裡有親切的崇仰之情，比起因為喜歡賞鳥、寫鳥，而被稱為「鳥人」的作家朋友，「鵲巢禪師」四個字高雅多了。

你或許住在臺北大都城，深深了解到「臺北居大不易」，但中唐時代的長安人就容易過日子嗎？白居易的故事或許可以見出一點端倪。白居易十六歲那年就寫了「離離原上草，一歲一枯榮，野火燒不盡，春風吹又生。遠芳侵古道，晴翠接荒城，又送王孫去，萋萋滿別情。」的送別詩，後來他去晉見著作郎顧況，顧況十分自負，很少推許別人，他看了白居易的名字以後，調侃他：「長安百物皆貴，居大不易。」可是等他看到白居易這首〈賦得古原草送別〉詩，「野火燒不盡，春風吹又生」之句，他不能不改口讚嘆：「有句如此，居天下亦不難，老夫前言戲之耳！」

這兩位曾經被人戲謔的禪學大師與詩學大師，長慶時期曾有過晤面的機會，留下佛教史上有名的心與心的對話。當時，白居易聽說了道林禪師「有巢氏」的怪異行徑，特來拜訪禪師，來到山寺一看，果然道林不在禪房，卻趺坐在樹上參禪，白居易想到古聖人所說「行險以僥倖」是小人行為，「居易以俟命」才是君子的修持，不禁脫口大叫：「危險哪！」

「你才危險哪！」道林在樹葉間看也不看白居易一眼，輕輕迸出這句話。

白居易一愣：「我站在大地上，穩穩正正，哪會有危險？」

道林說：「不能領悟生之短暫的人，不危險嗎？」

主客易位，白居易一下子從順境跌入挫折中，渾渾噩噩的一生，是沒有意義的人生，不能開悟的人生不也就是危險的一生嗎？

不過，從小就能辨認「之」、「無」的夙慧才子，口鋒一轉，他說：「請教佛法大意是什麼？」

道林只說：「諸惡莫作，眾善奉行。」

白居易心想：「諸惡莫作，眾善奉行，自淨其意，是謂佛教。」這是「七佛道誡偈」，信佛的人，無一不識，所以他又說：「如果只是這樣，三歲孩童也可以得道了！」

道林說：「三歲孩童能說，八十歲老翁卻不一定做得到。」這一句話再一次警醒白居易：知易，行難；不行，永遠是難。

不行，居大不易。

——原載一九九四年七月十五日《自由時報》

想過母親的性別嗎？

一個有修持的人就是一個有修持的人，
何關乎是男是女！

有一本豪華大型雜誌，以「女人味」訪問我，問我有什麼看法，我心悚然一驚，什麼是女人味？在我腦海裡從來沒有思考過類似的問題。這一生，有蠻長的時間在女校服務，在中文系任職，面對女學生，心中只把她們當學生看、當孩子教，哪一個比較有女人味？這樣的問題也不會在腦海裡閃過，當然，說她們沒有女人味，好像也不正確。

祖母、母親、妻女、學生，她們美嗎？好像我們都不會去做這樣的判定，她們就是祖母、母親、妻女、學生。我們從來不會去思考：「母親有女人味嗎？」這樣的問題，母親就是母親。

在輪迴觀念裡：「有情輪迴生六道，猶如車輪無始終。」六道是指三善道：天道、人道、阿修羅道，三惡道：地獄道、餓鬼道、畜生道，眾生從無始以來，因為行善或行惡，生死於六道中，就像車輪迴轉不已。不過，在這種觀念裡也有男尊女卑的說法，輪迴為男身，要能行更多的善，積更多的德。因此，有位女尼曾經以這樣的問題請教龍潭禪師：

「如何修持，才能成為男相？」

龍潭禪師說：「你出家修持多少年了？」

女尼說：「這有什麼關係呢？我想知道的是如何在下輩子轉為男身。」

龍潭禪師問她：「那現在的你是什麼相？」

女尼說：「女相呀！」

龍潭禪師說：「你是女相呀！誰看得出你是女相呀！」

這位比丘尼心中恍然一悟，龍潭禪師不是在說她沒有女人味，而是提示她何必執著於男相女相，一個有修持的人就是一個有修持的人，何關乎是男是女，一個有作為的主管就是一個有作為的主管，何關乎是男是女！

相對於女人味的，應該是男性的氣魄，什麼樣的作為才是男性氣魄的表現？你是男性，你有男性的氣魄嗎？如果妳是女性，妳就比男性少了一些氣魄嗎？——這也是值得思考的問題。氣魄，關乎男女嗎？

——原載一九九四年七月二十二日《自由時報》

千峰頂上老僧閒

人的生命與雲的飄流、
石的不動，
愈來愈沒有界線；
有些對話，愈來愈不需要語言、聲音。

常常登山的人，對山、對自然就不會有輕慢之心。
如果你在山路上看見一個人穿著皮鞋，甚至於高跟鞋，一拐一扭，緊跟在別人

背後，那他一定不是常常爬山的那種人，他對山輕慢，傷害了山，也會傷害到自己。

常常登山的人，不會說我要征服自然，我們哪有能力征服山？爬上山頂，就叫征服了山嗎？舉頭一看，山之外還有山，我們到底征服了什麼？即使是在山之頂，我們也不過只停留個一兩小時，還是要下山來，這時，山，依然是山，人，依然是人，我們幾曾征服了山？

人以堅定的毅力攀登一座又一座的山，以持久的耐力越過一程又一程的山徑，揮汗，喘氣，人征服的其實只是自己，征服自己的怯懦、畏懼，征服自己容易妥協的心。

常常登山的人都知道，登山的過程要有儒家知其不可而為之的精神，登上山以後，自然就會有道家豁達的胸懷，從山上往四周一望，眼界一寬，奔競之心消弭，人與自然的距離拉近，在電光石火之間追求蠅頭蝸角之利，自己想想也會覺得可笑極了！天地這麼寬廣，人生這麼短暫，渺小，還有什麼好爭的呢？

我是一個隨和的登山人，登山不是為了攻頂，也不是為了多識蟲魚鳥獸之名；

長距離、短距離，無所謂；高山、小丘，無妨；晴天、陰天，隨興；獨行、偕伴，各有其趣。一週一次親近山，我發覺自己愈來愈像是老莊之流；人的生命與雲的飄流、石的不動，愈來愈沒有界線；有些對話，愈來愈不需要語言、聲音。

不過，終究我們還是要下山，下山做一個比以前更隨和的人，擁有一顆更悠閒的心。終究我們不是山人（仙），下山隨俗吧！只是心可以像山那樣悠閒，人可以像雲那樣隨風不定去止。

每次在大屯山系，我們從雲霧中穿過，雲霧又從我們身上穿過，輕舞漫步的豈僅是山嵐煙雲而已，我們的身軀，我們的心，彷彿都可以隨風縹緲，隨山嵐煙雲不定去止。這時，我就會想起宋朝志芝禪師〈山峰頂上〉這首詩：

千峰頂上一間屋，
老僧半間雲半間，
夜晚雲隨風雨去，
到頭不似老僧閒。

原來我只想：心能隨雲隨風任去留，就是絕大的自由，志芝禪師卻說雲隨風雨而去，真正悠然無礙，安然閒適的只有千峰頂上的老禪師，那種與白雲同住、比白雲更清閒的生活，我們雖然不能至，卻也可以心嚮往之，我們不能擁有千峰頂上一間屋，門窗雖設而不關，任雲徘徊，至少我們懸老僧的清閒之心為心，多少風雲叱咤而去，老僧仍然閒著單純的閒。

——原載一九九四年八月一日《榮光周刊》

何處沒有突然而來的一聲「鏗」

我們永遠不知道會在哪一場遊戲裡
發出清脆醒人的一聲「鏗」！

又是暑假了！

從去年暑假撰寫《禪與心的對話》，到現在剛好整整一年，五十篇稿子。這幾天我在思考，如何寫這第五十篇稿子，將這個專欄結束。

就以暑假為話題吧！暑假，你都會安排一些什麼活動？安排了什麼活動才叫充實？

或者，我們也可以思考：暑假活動一定要充實而有意義嗎？人的生命一定要充實而有意義嗎？什麼叫做有意義？

我喜歡溈仰宗兩位禪師的對話。溈山靈祐禪師（西元七七一～八五三年）是溈仰宗的創始者，仰山慧寂禪師（西元八一四～八九〇年）是溈山的弟子，過了一個暑假，他們師徒兩人又碰面了，師生之間有這樣的一場對話：

溈山：「暑假裡，做了一些什麼啊！」

仰山：「闢了一塊地，播了一籃種子而已。」

溈山：「看來，這個暑假你不曾閒散啊！」

仰山：「那，老師，您做了一些什麼？」

溈山：「也不過是白天吃飯，晚上睡覺。」

仰山：「那，老師這個暑假也不曾白白度過啊！」

仰山說完，自覺話中好像有嘲笑師父之意，伸了伸舌頭，溈山說：「孩子，何必看得那麼嚴重呢？」

不是嗎？

有所為——闢了一塊地，播了一籃種子——不會閒散，是一個暑假。

無所為——白天吃飯，晚上睡覺——也不算白白度過啊！

我從來不以為，好好讀一部聖人經典可以讓人悟道，看一篇閒文就沒有這種能耐。悟道的機緣，隨時隨地可能發生，但是，如果沒有讀聖人經典的扎實基礎，就好像缺少一塊肥沃的土地，種子無從著地、萌芽；如果沒有隨機觸發，那也好像缺少隨風飄飛的種子，再肥美的土地也長不出任何花果。因此，勤於闢地播種吧！但也不妨食飽睡足啊！

香嚴禪師曾經是百丈懷海的弟子，後來又跟隨百丈的大弟子溈山靈祐禪師，雖然香嚴思辨能力極強，口才辯給，但一直未能深契禪理，溈山曾經問他：「父母未生之前，你是什麼？」香嚴翻遍自己讀過的經書，找不到適切的答案，他央求溈山為他說解，溈山說：「如果我現在替你說解，將來你會罵我，而且，我說的是我的發現，跟你又有什麼關係？」香嚴燒了書，告別了溈山，雲遊四海去了。書，不一定給我們答案啊！文字，不一定傳達正確的信息啊！

後來，香嚴雲遊到南陽，在慧忠國師住過的地方清理遺跡，偶然拋出的一塊瓦礫，擊中竹子，「鏗」的一聲，他領悟了！他趕緊望空遙拜，說：「師父啊！你的恩惠勝過父母。如果當時你為我說解了，我哪有今天鏗然一聲的頓悟啊！」

誰能預料那隨手一丟的瓦塊也是一種機緣？因此，等同看待嚴肅的經典和無意義的遊戲吧！我們永遠不知道會在哪一場遊戲裡發出清脆醒人的一聲「鏗」！

或許，再聽一場溈仰宗兩位禪師的對話，可以更清楚看事物的方法。

溈山：「你看，這區田這邊高，那邊低。」

仰山：「不是呀！是這邊低，那邊高啊！」

溈山：「我們站到中間去，往兩邊一看，就知道其實是哪邊高。」

仰山：「不一定站到中間去，也不一定只看兩邊。」

（是啊！哪裡是中間，哪裡是兩邊？）

溈山：「那就用水平來測吧！沒有任何東西比水更平的了。」

仰山：「水也沒有固定的體性啊！水在高處是平的，水在低處也是平的啊！」

不就是這樣嗎？因為我們多角度、全方位的探照，任何事物顯然都有它的意義，任何事物顯然也都有令人悟道的可能。暑假到了，何不去與山水相遇，與草木蟲魚鳥獸相遇，與突然而來的那一聲「鏗」相遇！

——原載一九九四年七月二十九日《自由時報》

心與心的對話

禪心與道心對話，天心與人心對話。
在心與心的對話裡，
我們找到自己，找到寧靜，找到生命的喜樂。

讀大學時，隨南懷瑾老師修習「禪宗概要」，上課方式生意盎然，老師的言語忽然東、忽然西，飄飄如西天雲彩，不可捉摸，卻彷彿又有引人思索的朝陽光影，在一閃一爍間。

——那會是什麼呢？

我喜歡哲學的邏輯思考，心理學的科學研判，沉迷於周易的二儀與萬象之間，任神遨遊在莊子恍兮惚兮的寓言裡。不過，我更喜歡有「人」在其中的生活哲學的論辯，譬如莊子與惠施的爭論，不就充滿了思理與情趣嗎？

莊子說：魚兒水中游，是多麼的快樂！

惠施說：你又不是魚，怎麼會知道魚的快樂？

莊子說：你又不是我，怎麼知道我不知道魚的快樂？

惠施說：對呀！我不是你，所以不知道你知道不知道魚的快樂。你也不是魚，所以，當然你不能知道魚是不是快樂。

莊子說：我們從頭來，剛才你說「你怎麼知道魚的快樂」，就表示你知道我知道魚的快樂，所以，我在橋上當然也可以知道魚的快樂呀！

在這樣往復的言辯中，你是靠近莊周多一些，還是贊成惠施多一些？你愛莊周的直覺，還是喜歡惠施的理性質疑？

在心與心的對話中，我們可以是那第三顆心，也加入我們的思維和言語。一如在莊子與惠施之間，我們思索。

禪宗的故事裡，也充滿許多這樣的「機鋒」，就像行走在懸崖的邊緣，可能粉身碎骨，也可能在廓然無際的原野上飄起淡淡的馨香。禪之機，有時是邏輯的思維，有時卻是非邏輯的思維；有時正經，有時癲狂；有時語，有時默；有時處，有時動。

我喜歡左右碰觸這樣的機鋒，

在心與心的對話中，

找尋屬於自己的話語。

禪宗六祖慧能，受法辭五祖以後，到達南海，在法性寺，聽見兩個和尚為風吹幡動而爭辯，一個說是風動，一個說是幡動，往復辯答，未曾契理。這時，六祖說：「直以風幡非動，動自心耳。」止息了一場對論。在兩個和尚的心與心的對話中，慧能禪師是那第三顆心。不過，看見風吹幡動，到底是「風動」，「幡動」，還是「仁者心動」？我們不是也可以成為第四顆心去思考，去對話嗎？
你的心與她的心對話，我的心與古人的心對話。
禪心與道心對話，天心與人心對話。
在心與心的對話裡，我們找到自己，找到寧靜，找到生命的喜樂。

——原載一九九五年《禪與心的對話·自序》（九歌）

〔新版後記〕

天上白雲未必是山裡清泉

細水長流的流，幾曾妨害截斷眾流的流。
髮夾彎後的視野，不一定要回頭修飾直線前的視野。

新版《禪林覓花》與《禪花釀蜜》編排整裝完畢，編與寫將近兩百本書籍的我仍然掩不住興奮，我將這兩冊書，歸之為〔禪〕文化散文，因為她的前身《禪與心的對話》（九歌，一九九五）與《詩話禪》（健行，二〇〇三），原書中都有禪字，都以生活裡的情緒去叩訪禪宗公案，以文學的語言去推演禪意中非理性、也非

「非理性」的思維，其中的悅樂比起詩又更難以蠡測與傳述，而我竟然在三十年前，未在詩創作技藝上多所翻滾之初，就已走上自我琢磨、沉思、辯詰、棒斥的路，徘徊如許。

農村長大，孩提時代的我，白天忙著灑掃稻埕上下，招呼雞鴨鵝，尤其是食量驚人的豬，夜涼時才能放心躺在門口草蓆上，隔著蓆蓐與田土同呼吸，大口喝大人喝的茶，聽大人閒話大小事，或者自個兒望著雲天，想著章回小說裡的星宿與人間的遷移，北斗、文曲，牛郎與織女。那時，世間法與神話之間互通訊息，不知什麼叫距離！

後來，神祕學莫名向我靠近，一位行走鄉里的相士經過秀才三合院，類近自言自語：「龍邊出賢人，可惜可惜，一生吃菜命。」爸爸就在厝角頭劈柴，也沒跟他交談，卻將這兩句話轉述給我，沒添任何油醋。從此我堅信我會是賢人（其實應該說從此我立志要成為賢人），只是嘀咕著：吃菜命是和尚命嗎？是清風明月的一生？這一生就著青菜、就著青燈？嘀咕好久也未得正解。上了大學，我自動選修哲學系的課程，人生哲學之後繼續探索「禪宗概要」，身材瘦小矯健的南老師，不停地說著《景德傳燈錄》、《六祖壇經》、禪宗公案，帶著釘製的三角形板子反扣在傾斜十五度的講桌上，桌面平整了，他一躍而上，盤腿禪坐，怡然示範調息，或者繼續追蹤還未解密的歷史公案，引逗著我們思考生命，此後，我向著神祕學靠近……

很多禪學者這樣說：禪是運水與搬柴的日常，生機活潑的對話，我從故事裡確實這樣認知；禪是普遍的存在，禪是內外的諧和，禪是內心的自在、自如、自適，禪書上如此描繪禪悟的境界。禪的定義如此開放又開闊，正適合文學的擬喻系統加入，**「禪，如山中的清泉，可以洗滌我們心靈上的塵埃；如天上的白雲，可以讓我們悠遊法界，任性逍遙。」**星雲大師在《人間佛教語錄》上冊（頁十八）選擇了可以相互通流循環的水和雲為喻，雲水意象原來就是大自然中從小親近、親愛的意象，天上、地上可以交替，人體、天體可以輪換，如風一般周流，我喜歡這樣的喻詞，彷彿經由喝茶、觀雲可以濾淨煩憂、塵垢，還我無價的明珠。

禪像什麼？星雲大師在同一本語錄的中冊（頁二十八）更開放給天地間的十二種物事（同時也出現在《六祖壇經講話》）：

禪如一張薄紙，擣破即空；禪如空手拳頭，手鬆即了；
禪如空中雲霧，一掃即空；禪如三冬冰凍，一熱即溶；
禪如大地黑暗，日出即明；禪如真相不明，一疑即悟；
禪如鏡上灰塵，抹淨即見；禪如芭蕉中心，剝了即無；
禪如春天花朵，風吹即謝；禪如柴中火星，一撥即熄；
禪如眾生妄想，一明即了；禪如無迷無悟，證者了知。

在這十二項喻詞裡，他使用了三次空，三次了，三次明，顯示著「禪↓悟」的俐落，「即」與「頓」的爽朗。

禪學不等於禪，但是我們究竟在「學」的路上。學之後才有覺，學是知識的獲取與累積，「覺」是三次空、三次了、三次明之後的智慧。

有人能談禪境，有人喜歡說禪意、禪味，有人逗留在禪喜和禪趣裡，我是在禪的脈絡裡學習改變思維，諸如「山裡清泉何嘗不是天上的白雲，天上白雲未必是山裡的清泉。」「細水長流的流，幾曾妨害截斷眾流的流。」「髮夾彎後的視野，不一定要回頭修飾直線前的視野。」

不變的是——流動的禪的思維。我們繼續。

說不定也將我們帶離了「吃菜命」的內涵與食玉炊桂的兩相糾結。

——寫於二〇二四年三月十二日

晨星文學館072

禪林覓花

作　　者	蕭　蕭
內頁插畫	王　灝
主　　編	徐惠雅
校　　對	蕭　蕭、曾一鋒、徐惠雅、楊嘉殷
美術編輯	張芷瑄
版面排版	黃偵瑜
創 辦 人	陳銘民
發 行 所	晨星出版有限公司 407台中市西屯區工業區三十路1號1樓 TEL：04-23595820　FAX：04-23550581 Email：service@morningstar.com.tw http://www.morningstar.com.tw 行政院新聞局局版台業字第2500號
法律顧問	陳思成律師
初　　版	西元2025年01月20日
讀者專線	TEL：02-23672044／04-23595819#212 FAX：02-23635741／04-23595493 E-mail: service@morningstar.com.tw
網路書店	http://www.morningstar.com.tw
郵政劃撥	15060393（知己圖書股份有限公司）
印　　刷	上好印刷股份有限公司

定價　380 元

ISBN 978-626-320-983-1

Published by Morning Star Publishing Inc.

Printed in Taiwan

線上回函

國家圖書館出版品預行編目資料

禪林覓花/蕭蕭著 -- 初版. -- 臺中市：晨星出版有限公司,
2025.01
　面；　公分. -- (晨星文學館；72)

ISBN 978-626-320-983-1 (平裝)

224.517　　113016340